ESSAI

SUR L'HISTOIRE

DE LA

MAISON ET BARONIE DE MONTJOIE.

ESSAI
SUR L'HISTOIRE
DE LA
MAISON ET BARONIE DE MONTJOIE,

PAR M. L'ABBÉ RICHARD,
CURÉ DE DAMBELIN,

CORRESPONDANT DU MINISTRE DE L'INSTRUCTION PUBLIQUE POUR LES TRAVAUX HISTORIQUES
ET MEMBRE DE L'ACADÉMIE DE BESANÇON.

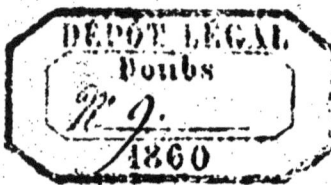

BESANÇON,
J. JACQUIN, IMPRIMEUR-LIBRAIRE,
Grande-Rue, 14, à la Vieille-Intendance.

1860.

PRÉFACE.

Depuis longtemps, des amis de l'histoire de notre province m'ont invité à rechercher les annales de la maison de Montjoie pour en faire part au public. Vous avez écrit, m'a-t-on répété souvent, les monographies des sires et de la terre de Neuchatel, du bourg de Pont-de-Roide, de la châtellenie et de la ville de l'Isle-sur-le-Doubs, du comté de la Roche en Montagne et de la ville de Saint-Hippolyte. L'ancienne baronie de Montjoie est limitrophe de cette dernière terre; son histoire devient de toute nécessité la partie intégrante de vos études historiques sur plusieurs points de la contrée orientale du département du Doubs. Mettez-vous donc à l'œuvre; elle apparaît pleine d'intérêt. Cette famille de Montjoie, qui s'est multipliée avec une fécondité prodigieuse et a étendu ses nombreux rameaux, du haut des montagnes de la Bourgogne, jusqu'en Lorraine, dans les Pays-Bas, en Alsace et en Allemagne, où subsistent encore de nos jours ses derniers rejetons, a été non moins illustre par les emplois honorables et le rang social qu'elle a occupés dans tous ces pays. Ce petit coin de la Bourgogne qui pendant plus de quatre cents ans a fait partie de l'Alsace, sa population mi-partie allemande et française, ses mœurs, ses usages, sa jurisprudence même spéciale, se présentent avec une teinte d'originalité dont la connaissance est non moins utile que curieuse.

Mais comment réunir les éléments de l'histoire de la maison de Montjoie, ayant une connexion nécessaire avec celle de la Bourgogne, du Montbéliard, de l'ancien évêché de Bâle, de l'Alsace, de la Lorraine, des Pays-Bas et de l'Allemagne, et qui sont disséminés dans toutes ces provinces? C'est là le point de difficulté : *hic opus, hic labor!* D'ailleurs, le temps, les guerres et les révolutions ont amené la perte et la destruction de ces documents. Dans cet état de choses, qu'on n'attende pas une histoire complète des barons de Montjoie; elle exigerait des volumes. J'espère pourtant en avoir touché et éclairci les points les plus importants dans cet *Essai*. L'origine des maisons de Montjoie, l'*ancienne* et la *moderne*, plusieurs de leurs personnages inconnus du généalogiste la Chesnaye-Desbois, le commencement de leur baronie dans une vallée du Jura et son développement dû aux libéralités des évêques de Bâle et des empereurs d'Allemagne, sa réunion définitive à l'Alsace, les principaux événements qui s'y sont accomplis, etc., etc., voilà ce que je fais connaître dans cet écrit. Il a été composé sur des documents tirés des archives de la préfecture de Colmar, de la ville de Porrentruy, de Mémoires sur procès, et sur des renseignements fournis par des savants de la Lorraine et de l'Alsace, et des alliés de la famille de Montjoie qui habitent ces provinces. Que tous ces bienveillants coopérateurs reçoivent ici l'expression de notre reconnaissance, à laquelle le savant et complaisant bibliothécaire de Porrentruy, M. Trouillat, a des droits exceptionnels acquis depuis longtemps!

ESSAI
SUR L'HISTOIRE
DE LA
MAISON ET BARONIE DE MONTJOIE.

CHAPITRE PREMIER.

Situation topographique de la baronie de Montjoie. — Villages formant sa circonscription. — Elle fait partie de l'Elsgaw jusqu'au XVe siècle, époque où elle est annexée à la province d'Alsace. — Origine des familles nobles de Montjoie et de Clère. — Armoiries de la maison de Montjoie. — Charges des serfs; lois, coutumes, officiers et agents seigneuriaux de cette terre.

La baronie de Montjoie reçut son nom du rocher sur lequel était assis le château fort qui en était le chef-lieu. Cette montagne *de la joie* (*Mons gaudii* dans tous les titres latins, et en allemand *Froberg*), n'avait été ainsi dénommée que parce qu'elle était un lieu d'amusements et de réjouissances.

Le château de Montjoie existait, arrondissement de Montbéliard, dans la vallée du Doubs, département de ce nom, au-dessus de la petite ville de Saint-Hippolyte. De ce chef-lieu de canton, on remonte la rive gauche du Doubs encaissé au fond d'une gorge étroite et profonde formée par deux chaînes de montagnes prodigieusement élevées, dont le sommet présente çà et là d'énormes masses de rochers au milieu de bois rabougris. Le voyageur suit les contours de cette vallée solitaire et sauvage sans autre aspect que celui de quelques fermes isolées, bâties sur les flancs moins ardus des montagnes. Après douze kilomètres de distance, la gorge s'élargit un peu, forme un petit vallon dont le village de Vaufrey occupe la partie supérieure, sur la rive droite du Doubs, au pied de la quatrième branche du mont Jura, dite vulgairement le *Lomont*. Du même côté, dans la partie inférieure, à la distance d'un kilomètre et demi, cette montagne présente une coupure en forme de ravin, dont le bord oriental repose sur un rocher qui a la même inclinaison que la montagne. C'est là qu'existent encore les ruines de l'ancienne forteresse de Montjoie. Elle avait la figure d'un trapézoïde contenant 88 ares 47 centiares (deux arpents et demi). Sa partie inférieure, du côté de Montjoie, présentait un front semi-circulaire d'une étendue de onze mètres seulement. Le castel était entouré de toutes parts de murs épais et élevés dans lesquels étaient pratiquées des meurtrières. L'entrée principale se trouvait dans l'angle au midi, et était flanquée de deux tourelles dont on voit encore les vestiges un peu au-dessus de la maison Girard. Deux autres tours, l'une du côté de Montjoie, et l'autre du côté de Vaufrey, étaient au devant de la chapelle : c'est là qu'existaient le manoir seigneurial et les logements de la garnison. On voit aussi dans cette partie les restes d'un souterrain et d'une forge, et trois maisons qui y ont été rebâties. La chapelle existe encore ; elle occupe plus haut une petite esplanade élevée et taillée dans le roc, dans la partie nord-est du château. Plus loin, en montant vers son extrémité supérieure, on ne rencontre pas de traces d'habitations, et il se termine par une énorme tour hexagone très élevée qui servait à sa défense. Elle est encore très bien conservée. Le bourg de Montjoie occupait au pied du rocher l'emplacement du village actuel, composé de treize maisons.

Montjoie et la seigneurie de ce nom étaient situées entre les 51° et 52° degrés de latitude septentrionale et au 4° degré de longitude orientale du méridien de Paris. A l'est et au nord, cette terre était confinée par l'ancien évêché de Bâle, au midi et au couchant par la Franche-Montagne et le comté de Bourgogne. Les villages de la partie nord-est du canton actuel de Saint-Hippolyte formaient la circonscription de cette baronie : ce sont ceux de Glère, Vaufrey, dans la vallée et sur la rive droite du Doubs ; de Montancy, Vernois-le-Fol, Montursin au-dessus du Lomont du même côté : sur la rive gauche et auprès de cette rivière les Chéseaux, Bremoncourt, sur les sommités et le plateau de la montagne, le château de Moron, les villages et hameaux de Montnoiron, Indevillers, Burnevillers, Richebourg, le Bail,

Surmont; **Fuesse**, sur la rive gauche du Doubs, au-dessus de Saint-Ursanne; la **Malnuit** et les bois de **Montjoie** sur la rive droite et l'ancienne terre de l'évêché de Bâle (1). Dans la suite,

(1) **Clère**, *lieu sablonneux*, autrefois *Cliers* et *Gliers*, existait au x⁰ siècle, puisqu'à cette époque ce village avait un château et des seigneurs qui en portaient le nom. Il contient trente-sept maisons.

Vaufrey (*vallée où l'eau coule doucement*). Le château dont on voit les restes au-dessus d'un rocher encore appelé de nos jours la *Roche-aux-Canons*, à gauche du Doubs et en face du village, est mentionné au xiii⁰ siècle. On croit qu'il fut détruit en 1440, pendant la lutte que le baron de Montjoie et les seigneurs de la haute Alsace soutinrent contre les archiducs d'Autriche. Du même côté de la rivière et à la sommité de la même montagne, mais 1 kilomètre à peine plus au levant, existait la forteresse de *Moron*, en latin *mons rotundus*, de la forme arrondie du rocher au-dessus duquel elle était assise. Cette montagne conique, séparée du plateau d'Indevillers par une dépression de terrain dite vulgairement *combe*, était inabordable de tous les côtés, si ce n'est par celui du levant, vers lequel elle s'inclinait par une pente douce; au bas, existaient les quatre maisons du bourg. Parmi elles, on voit la caserne où étaient logés les douze cavaliers entretenus par les sires de Montjoie pour veiller à la défense et à la police de leur baronie. La forteresse de Moron a été détruite au xv⁰ ou au xvii⁰ siècle. Le rocher où elle existait porte encore de nos jours le nom de *Roche-du-Château*. Ce fort et celui de la *Roche-aux-Canons* étaient merveilleusement placés pour protéger et défendre soit la vallée de Vaufrey, soit les villages de la plaine d'Indevillers. Plusieurs membres de la famille de Montjoie ont pris les noms de *sires* et de *barons* de Moron. Le hameau ou ferme de *Seigne*, situé sur le territoire de Vaufrey, fut aussi un fief possédé tantôt par les Montjoie, tantôt par d'autres seigneurs. Quarante-cinq maisons sont renfermées dans la circonscription de ce village.

Montancy (*habitation dans la montagne*), situé sur le flanc méridional du Lomont, est actuellement un hameau de huit ménages, qui était au xiv⁰ siècle une dépendance de la paroisse de Bressaucourt.

Vernois (*sur une élévation*), est effectivement placé sur un petit plateau triangulaire peu élevé au-dessus de la vallée et au pied du Lomont. Sur un monticule entre Vernois et Clère, existait un château; les champs qui y aboutissent s'appellent encore aujourd'hui les *Châtelots*. En fouillant dans ce monticule, on a rencontré des débris de constructions; cette forteresse était une dépendance des *Chéseaux*. La tradition porte qu'il y eut à Vernois un couvent de templiers. Au nord est un terrain élevé appelé le *Cimetière*, et près de là sont les champs dits *Derrière-l'Eglise*, ce qui annonce qu'à une époque reculée, une église exista dans cet emplacement. Il y eut un fief à Vernois, dont quelques seigneurs de Montjoie prirent le nom. Huit familles seulement habitent ce village.

Le Fol, ou plutôt le **Foz** (*qui est dans les bois*), est un hameau de la commune de Vernois situé dans le Lomont, au couchant de ce village, habité par six ménages.

Montursin, autrefois Montoursin (*montagne des ours*), est un village de sept maisons, dans la montagne, au-dessus de Vaufrey. Il y avait autrefois un fief dont les Montjoie ou leurs alliés portèrent le nom.

Bremoncourt (*habitation autour de l'eau*) est une section de la commune de Montancy située sur la rive gauche du Doubs, aux confins des terres de l'ancien évêché de Bâle. Ce village, composé actuellement de dix familles, fut affranchi

cette seigneurie s'accrut des terres que les évêques de Bâle et les princes d'Autriche donnèrent à ses possesseurs dans le Sundgaw (1). Ce sont les villages d'Hirsingen, Heymersdorf, Bisel en partie, Hundelingen, Ruederbach, canton d'Hirsingen, Bruebach, canton de Landser, Muspach, canton de Ferrette, arrondissement d'Altkirch, département du Haut-Rhin, sans parler de quelques autres villages de l'arrondissement de Belfort, tels que Beson-

peu de temps après les bourgs de Montjoie et de Moron, et aux mêmes conditions. Cet affranchissement fut renouvelé le 22 février 1683. Les habitants furent déchargés de la traque dans les chasses seigneuriales, si ce n'est lorsqu'elles avaient lieu sur le territoire de leur commune. Au XIVe et au XVe siècle, il y eut à Bremoncourt un ou deux fiefs possédés par les Montjoie, quelquefois par d'autres seigneurs.

Les Chéseaux (*case, ou habitation de serfs*), hameau de Glère, qui n'a maintenant que deux maisons. Au-dessus du monticule des Chéseaux, qui domine le Doubs, exista jadis un château qui servait probablement de prison seigneuriale, car les fourches patibulaires existaient dans un canton rapproché, dit le *Cran-des-Fourches*.

Le Bail (*lieu habité*), hameau de trois maisons, à la limite de la Suisse. Il est situé sur les plateau et territoire de Burnevillers.

Richebourg (*bourg fort ou supérieur*), hameau de Burnevillers, entre cette commune et le Bail; il n'a que cinq maisons.

Burnevillers, autrefois Bornevillers (*habitation proche une fontaine ou un torrent*); vingt-neuf maisons forment ce village.

Indevillers (*Ayndivillars* dans une bulle du pape Alexandre III, de l'an 1177) est situé dans une petite vallée et à l'extrémité méridionale de l'ancienne seigneurie de Montjoie. S'il est vrai, comme le porte la tradition, que saint Ursanne aurait béni Indevillers depuis le haut d'une pâture au nord de ce village, il remonterait au VIIe siècle. Quoi qu'il en soit, Indevillers avait déjà, en 1177, une chapelle dédiée à saint Ursanne; elle dépendait de la paroisse de Fessevillers, qui fut au moyen âge la mère église de tous les villages de cette contrée. Il y a soixante-dix-neuf maisons à Indevillers.

Chauvilliers (*habitation au milieu des pâturages*), village bâti au pied d'un château fort, chef-lieu de la seigneurie de ce nom, qui fut la propriété de l'évêque de Bâle jusqu'à 1789. Chauvilliers est maintenant une section de la commune d'Indevillers; elle comprend vingt familles.

Mont-Noiron (*montagne noire, à cause des sapins qui la couronnent*), section d'Indevillers, composée de dix ménages.

Fuesse (*au bas des collines, sur l'eau*), hameau de dix-huit ménages, dépendant de la commune d'Indevillers.

Surmont (*au-dessus de la montagne*); cette section d'Indevillers comprend six ménages.

Les Bois-de-Montjoie ou le Plain-du-Bois. Ce hameau, situé sur la rive droite du Doubs et la Suisse, est une dépendance de la commune des Pommerats.

(1) *Sundgaw* signifie contrée du sud ou des défilés, des mots *gaw*, contrée, et *sud*, midi, ou *sund*, défilé. C'est la partie de la haute Alsace la plus méridionale avoisinant la Suisse et la Franche-Comté. Le Sundgaw est délimité au nord-est par la rivière de Thur, qui se jette dans l'Ill proche d'Horbourg. La ville d'Altkirch se trouve au centre du Sundgaw.

court, Grosne, Perouse, Recouvrance, où les sires de Montjoie possédèrent des droits seigneuriaux. Les communes d'Hirsingen, où existait un château fort, et d'Heymersdorf, défendue par une tour, donnèrent chacune leur nom à deux branches de la famille de Montjoie. Celles-ci jouirent en commun et indivisément, jusqu'au milieu du xviii° siècle, des terres d'Alsace et de Bourgogne sous le titre unique de *baronie* et ensuite de *comté* de Montjoie.

Au moment de la révolution française de 1789, ce comté faisait partie de la province d'Alsace ; aussi appelait-on *terre d'Alsace* où *la terrotte*, c'est-à-dire *petite terre*, la vallée et les montagnes de Montjoie. Au vii° siècle, la haute Alsace s'étendait jusqu'aux gorges de Mouthier-Granval, Saint-Imier et Saint-Ursanne, car les ducs d'Alsace les concédèrent à l'abbé de Luxeuil pour y fonder des monastères. Aussi, celle de Montjoie, n'étant que la continuation de la vallée de Saint-Ursanne, peut avoir appartenu à l'Alsace dès cette époque reculée. Mais dans le siècle suivant, Montjoie faisait partie de l'Elsgaw, possédé par les comtes de Montbéliard (1). Cette contrée, qui dépendit elle-même primitivement de l'Alsace, fut réunie à leurs Etats par les derniers rois de Bourgogne. On a d'ailleurs toujours regardé comme appartenant à la haute Bourgogne les lieux mêmes de la Suisse, à l'est du département du Doubs, où la langue française est en usage. C'est pourquoi la vallée de Montjoie n'est devenue irrévocablement terre d'Alsace qu'au commencement du xv° siècle, époque à laquelle les barons de Montjoie, déjà vassaux de l'empire pour les terres qu'ils possédaient dans le Sundgaw, lui offrirent en fief leurs possessions de la haute Bourgogne.

La famille de Montjoie ancienne et primitive descend de l'antique maison *de Glère*, ou plutôt n'est autre que cette maison-là même. En effet, elle a constamment porté ce nom, auquel elle ajouta celui de Montjoie après la construction du château ainsi nommé, ce qui a eu lieu jusqu'au commencement du xv° siècle,

---

(1) Voyez DUVERNOY, *Ephémérides*, p. 20 de l'introduction, et PERRECIOT, *Almanach* de 1789, article Bethoncourt, p. 148.

Elsgaw, contrée de l'*Els* ou de l'*Allan*, dite autrement le *Pays d'Ajoie*, comprenait la région qui forma le doyenné d'Ajoie au diocèse de Besançon, c'est-à-dire l'ancien comté de Montbéliard, les seigneuries de Delle, Porrentruy, les cantons de Blamont, Saint-Hippolyte, Maîche et Pont-de-Roide.

époque où s'étant éteinte dans ses héritiers mâles, les barons *de Thuillières* en Lorraine relevèrent le nom et les armes de Montjoie et formèrent la seconde et moderne maison du nom de *Thuillières de Montjoie* (1). C'est pourquoi les barons de Montjoie sont désignés dans toutes les chartes, jusqu'en 1414, sous les noms de *Glère-Montjoie*, et depuis cette époque, sous ceux de *Thuillières de Montjoie*. Selon des savants franc-comtois (2), la rue de Glère, à Besançon, aurait donné son nom à une famille noble qui y possédait un hôtel. Mais ne sont-ce pas plutôt les seigneurs du village de Glère qui, ayant fait bâtir une maison dans ce quartier, à Besançon, lui auront communiqué leur nom? C'est ce qui nous paraît probable, à moins que les nobles de Glère à Besançon ne soient une famille autre que celle de Glère en Montagne. Celle-ci existait déjà au x⁰ siècle (3). Si nous recherchons son origine, nous croyons ne pas nous tromper en la découvrant dans la famille comtale de Montbéliard, ou dans celle de Ferrette qui en était une branche cadette (4). Les lois et les coutumes de Montbéliard sont en vigueur dans la baronie de Montjoie dès les temps les plus reculés ; les sires de Glère sont vassaux des comtes de Montbéliard au xiii⁰ siècle ; ceux de Ferrette les appellent *leurs cousins* à la même époque ; enfin, ils vivent dans une intimité d'affection et d'intérêt qui ne peut exister qu'entre parents, avec les comtes de la Roche en Montagne, que tous les historiens présentent comme une branche cadette de la maison de Montbéliard. Si nous avions à ajouter encore quelques nouveaux indices à toutes ces preuves, nous dirions que plusieurs savants historiens de la Lorraine pensent aussi que les sires de Glère-Montjoie descendent des familles de Ferrette ou de Franquemont, qui avaient la même origine.

L'ancienne maison de Montjoie portait de gueules à la clef d'argent posée en pal, et la moderne écartela à la clef d'or, armoiries des Thuillières-Lorraine, de telle sorte qu'au xviii⁰ siècle les armes des Montjoie étaient composées comme il suit : de gueules,

---

(1) SCHŒPFLIN, *Alsatia illustrata*, v⁰ Froberg.
(2) *Documents inédits* publiés par l'Académie de Besançon, II, p. 382 ; *ibidem*, III, p. 57.
(3) LABBEY DE BILLY, *Histoire de l'université du comté de Bourgogne*, II, p. 89 ; Mémoire sur procès, 1773, p. 4.
(4) Voyez DUVERNOY, *Éphémérides de Montbéliard*, introduction, p. 28.

écartelées au 1ᵉʳ et 3ᵉ à la clef d'argent tournée du côté dextre ; au 2ᵉ et 4ᵉ à la clef d'or aussi en pal tournée du côté sénestre, accompagnées de quatre pièces carrées d'or taillées en pierres précieuses, entassées en pal du côté dextre de la clef d'or, et de cinq boules d'argent rangées en sautoir du côté sénestre de la clef d'or. L'écu était timbré d'une couronne de marquis ayant pour supports deux satires, l'un au pied d'homme et l'autre au pied de chèvre, celui du côté dextre soutenant la clef d'argent de la main gauche, et l'autre du côté sénestre tenant une massue posée sur le pied d'homme, et en cœur un écu plus petit, porté et coupé de deux, surmonté d'une couronne comtale (1).

Si dans la baronie de Montjoie les charges féodales furent plus dures et plus multipliées que dans d'autres terres, au moins les serfs n'eurent-il jamais à craindre de manquer du nécessaire ! La servitude personnelle et réelle, la mainmorte, pesèrent sur eux jusqu'à la fin du xviiiᵉ siècle (2). La dîme était à la sixième gerbe sur les terres anciennes, et à la dixième ou onzième sur celles qui étaient acensées ou nouvellement défrichées, avec un cens annuel de 4 sols bâlois (3). Elle formait le principal revenu des barons de Montjoie, qui, du reste, en cédèrent une partie aux curés de Glère, de Vaufrey et d'Indevillers. Les comtes de Montbéliard, les barons de Grammont, les jésuites de Porrentruy, le prieur de Dannemarie, avaient aussi la dîme sur les terres à eux cédées dans le ressort de la baronie. Si les serfs vendaient, échangeaient les terres acensées ou données à bail emphytéotique, ce n'était que sous la clause expresse du consentement du seigneur et moyennant le paiement des droits de *sceau* et de *lods* au denier dix et de *tabellionnage* au denier vingt-cinq, avec le tiers de la somme stipulée pour les vins. Ils devaient aussi au seigneur cinq corvées annuelles pour la culture de ses terres et les réparations à ses châteaux, la comparution à trois ou quatre traques dans ses chasses (4), les droits d'octroi dits l'*umbgelt* sur toutes

---

(1) Voyez le *Dictionnaire de la noblesse*, par la Chesnaye-Desbois, article *Montjoie*; la *Généalogie de la maison de Saint-Mauris*, p. 8; l'empreinte en cire rouge des armoiries de Montjoie que nous possédons.

(2) La servitude personnelle des serfs de Montjoie est formellement exprimée dans des titres de 1297, 1306, 1315, 1335 et 1426. L'affranchissement personnel laissait subsister la mainmorte sur les terres non affranchies.

(3) Le sol bâlois valait 8 deniers de France.

(4) Ces chasses avaient pour objet non-seulement le plaisir du seigneur, mais

les marchandises dont on trafiquait dans ses terres, ceux d'*habwein*, de *rechetwein* sur le débit du vin (1). Les sires de Montjoie laissaient les familles de leurs terres couper dans les forêts le bois nécessaire au chauffage, à la construction et réparation des maisons et pour les instruments d'agriculture, mais sous la surveillance du forestier et en acquittant un droit de forestage. Ils permettaient aussi aux communautés de défricher certains cantons de broussailles, pour y faire paître leur bétail; quelquefois ils autorisaient des familles pauvres à cultiver pendant six ans, en payant la dîme à la sixième gerbe, quelques portions de ces cantons défrichés dits les *Communaux*, après quoi elles retournaient à l'usage de la communauté, car la propriété des forêts, terres cultivées et pâturages, cours d'eau, etc., appartenait au seigneur. Ce droit lui compétait non-seulement d'après les lois communes de la féodalité, mais encore par la concession primitive qui lui en avait été faite, par l'investiture qu'il en recevait des empereurs, et enfin par la reconnaissance des serfs eux-mêmes, qui n'avaient aucune propriété et ne pouvaient parvenir à la jouissance d'immeubles dans la baronie qu'en l'obtenant et en l'achetant en quelque sorte du seigneur par le paiement de la dîme et des autres droits féodaux. Les traités d'Osnabruck en 1647 et de Munster l'année suivante, qui réunirent définitivement l'Alsace à la France, reconnurent de la manière la plus formelle, aux barons de Montjoie, la propriété de leur baronie : disons encore la même chose de l'édit de septembre 1657, par lequel Louis XIV créa le conseil souverain d'Alsace.

Si la maison de Montjoie comprend les deux familles de Glère et de Thuillières, son histoire présente aussi deux époques bien distinctes, l'une que nous appellerons *bourguignonne*, et l'autre *alsacienne*. De là, nous y trouvons deux sortes de lois et de coutumes, celles de la haute Bourgogne et du comté de Montbéliard, et ensuite celles de l'Alsace ou plutôt du comté de Ferrette, qui finirent par y dominer. Perreciot a écrit (2) que la terre de Montjoie, d'après une charte du xiv° siècle, se régissait selon les us et

encore la destruction des ours, des sangliers et des loups existant alors en très grand nombre dans les vastes forêts de Montjoie. Ces animaux étaient très nuisibles aux serfs et à leurs propriétés.

(1) *Habwein*, le banvin; *rechetwein*, l'angal.
(2) *Almanach* pour 1789, p. 180.

coutumes du comté de Bourgogne, qu'elle était patrimoniale et héréditaire, même disponible. Au commencement du xviii° siècle, les usages du comté de Bourgogne étaient encore invoqués dans les contrats de mariage lorsqu'un des époux était Bourguignon (1). Les lettres de franchise concédées à leurs bourgs par les sires de Montjoie n'étaient que la copie de celles de Montbéliard, les poids et mesures de cette ville ne cessèrent d'être en usage dans leur terre qu'à la révolution de 1789. Lorsqu'elle fut devenue un fief de l'empire d'Allemagne, la coutume non écrite de Ferrette et de la haute Alsace et le droit romain, suivi dans cette province, y furent adoptés. Aussi avons-nous trouvé dans les actes du tabellionage de Montjoie (2), les usages suivants : 1° le droit d'*abzug* ou d'émigration, qui consistait en ce qu'un habitant qui voulait quitter cette seigneurie, devait laisser au seigneur le dixième de ses biens ; 2° la *coutume de Ferrette* quant aux contrats de mariage. Elle prescrivait qu'à défaut des conventions matrimoniales, il se formait entre les époux une communauté universelle des biens meubles et immeubles, quelles qu'en fussent l'origine et la nature. Par là, tous les apports étaient mobilisés, soit qu'ils vinssent du côté du mari ou de la femme, et le mari était seul maître de la communauté, à la dissolution de laquelle la femme, ou ses ayants cause, après le paiement de toutes les dettes, participait pour un tiers aux biens liquidés et francs, et le mari ou ses héritiers aux deux autres tiers. En renonçant à la communauté devenue mauvaise, la femme cessait d'être tenue de sa participation aux dettes, et elle affranchissait ainsi les biens qui pouvaient lui advenir dans la suite. Après le décès de l'un des époux, la communauté continuait à subsister jusqu'à la confection de l'inventaire. 3° Les conjoints pouvaient modifier à leur gré leurs conventions matrimoniales durant la communauté, faire leur testament dans un seul et même acte. Nous n'avons pas trouvé de traces dans la seigneurie de Montjoie des autres coutumes de la haute Alsace, telles que le *droit d'accès*, qui donnait dans les partages aux cadets de famille la faculté de retenir, de préférence aux aînés, la maison paternelle et ses dépendances; ni l'usage

---

(1) En 1715; minutes du tabellionage de Montjoie.

(2) Ces minutes, très bien conservées, sont déposées dans l'étude de M. Eugène Prélot, notaire à Pont-de-Roide. Elles ne remontent qu'au milieu du xviii° siècle, époque de la réunion de l'Alsace à la France.

qui accordait aux pères et aux mères la succession de leurs enfants morts sans laisser de postérité et de testament, à l'exclusion de leurs autres enfants.

Comme toutes les terres nobles considérables, la baronie de Montjoie avait *un bailliage seigneurial* des sentences duquel il y avait appel au conseil souverain d'Alsace siégeant à Colmar. Le bailli nommé par le seigneur exerçait ses fonctions sous son autorité à Montjoie, et depuis la destruction du château, à Indevillers. Ce magistrat était assisté d'un procureur fiscal ou d'un prévôt, d'un greffier qui cumulait le tabellionage général de la terre et prenait quelquefois le titre de *bandelier*. Un commis-greffier qualifié *tabellion substitut provisionné juré de la seigneurie* le remplaçait de temps à autre. Quatre ou cinq notaires avaient leur résidence dans les divers villages ; mais lorsque leurs actes devaient être produits hors des limites de cette circonscription, le tabellion général pouvait seul en expédier les grosses. Le *châtelain* ne remplissait aucune fonction judiciaire, il était le fermier général du seigneur et le surveillant chef de ses forêts. Toutes les communautés avaient chacune un *maire* dit quelquefois *syndic* ou *échevin,* nommé par le seigneur, ainsi que le forestier ; ils étaient les agents inférieurs chargés de la police, et recevaient les ordonnances et règlements administratifs, à l'exécution desquels ils étaient préposés, du *grand maire* de la seigneurie domicilié à Montjoie et ensuite à Vaufrey. Ces officiers civils furent placés sous la direction de l'intendant d'Alsace après la réunion de cette province à la France.

CHAPITRE II.

Commencements de la maison de Glère et son illustration. — Hugues, Richard Ier. — Libres barons. — W... est duc de Limbourg et comte de Luxembourg dans les Pays-Bas. — Construction de la forteresse de Montjoie. — Branche de la famille de Glère qui a perpétué le nom de Montjoie. — Wuillames Ier, vassal de Renaud, comte de Montbéliard. — Affranchissement des bourgs de Montjoie et de Moron, et construction d'une forteresse en ce dernier lieu. — Vuillaume ou Guillaume II, vassal de Thiébaud V, sire de Neuchatel-Bourgogne. — Dons de fiefs dans le Sundgaw aux sires de Montjoie par les évêques de Bâle et les princes de la maison d'Autriche, à la fin du XIIIe et au commencement du XIVe siècle. — Louis Ier de Montjoie, ses guerres. — Il élève sa famille au plus haut degré d'illustration. — Vassaux des Montjoie au XIVe siècle.

Selon des mémoires, *Jean de Gliers*, premier seigneur connu de cette maison noble, vivait au milieu du Xe siècle (1). Guerrier distingué, il aurait aidé puissamment Henri Ier dit l'Oiseleur, empereur d'Allemagne, à faire la conquête de l'Alsace après la déchéance de Charles le Simple, roi de France, possesseur de cette province. La terre de Glère passa ensuite à Berthod, qui, à son tour, servit l'empereur Othon Ier dans les guerres qu'il eut à soutenir contre Louis d'Outremer, fils du roi Charles, aspirant à reconquérir l'Alsace enlevée à son père. Les empereurs d'Allemagne auraient concédé la vallée de Glère aux seigneurs qui en prirent le nom, comme une récompense de leurs services militaires.

Quoi qu'il en soit de l'antiquité de cette origine, qui a sa vraisemblance, elle laisse pourtant à désirer les preuves qui l'établissent indubitablement. L'historien ne peut avancer comme vrais que les faits dont des titres ou des monuments constatent l'authenticité. Or, la famille de Glère n'est bien connue que plus de deux siècles après l'époque qu'on assigne à ses commence-

(1) Voyez le Mémoire sur procès pour les comtes de Montjoie, de l'an 1778, p...

ments. Ses premiers seigneurs sont qualifiés des simples titres de *chevaliers*, de *sires*; ils sont les humbles vassaux des nobles du voisinage, et toutes leurs possessions se bornent à la vallée de Glère et des montagnes voisines, à l'extrémité du Sundgaw. Au reste, la modeste origine de cette maison ne fait que rehausser davantage le mérite de ses membres qui surent s'élever à l'illustration la plus brillante. Habiles dans l'art de la guerre et des traités, ils amènent sous leur bannière des vassaux nombreux. Ils s'allient aux premières maisons de l'Europe, aux comtes de Ferrette, de Neuchatel en Suisse, de Genève, de Fribourg et de Bourgogne; aux princes d'Orange, d'Arberg; aux ducs de Lorraine et de Savoie, etc. Tous les grands noms de l'Allemagne s'honorent de joindre leur éclat à celui des Montjoie.

Nous dirons la même chose des premières familles de la haute Bourgogne, de la Lorraine. Les Rougemont, la Roche-Saint-Hippolyte, les Saint-Mauris en Montagne, les Montureux-sur-Saône, les Thuillières-Hardemont dans les Vosges, etc., recherchèrent avec empressement l'alliance des Montjoie. Les membres de cette famille furent admis de toute ancienneté dans les chapitres nobles de Lyon, Remiremont, Bâle et de l'Allemagne, ainsi que dans les confréries de la noblesse. De cette maison sortirent des diplomates habiles, des guerriers valeureux, des prélats, des dignitaires ecclésiastiques et religieux; mais la vertu fut toujours la plus belle auréole de ces personnages.

Labbey de Billy prétend (1) que Richard Ier du nom, de la famille de Saint-Mauris en Montagne, épousa vers l'an 1100 une Adeline de Montjoie, ce qui démontrerait l'existence de cette famille à cette époque. Quoi qu'il en soit, Hugues, chevalier *de Chilirs*, est le premier seigneur de Glère mentionné par un monument certain. Le 6 août 1183, il est témoin de l'acte par lequel Bourkard d'Asuël (2) donne le droit de patronage de l'église de Glovelier, au val de Delémont, au chapitre de la collégiale de Saint-Ursanne. Richard Ier *de Cliers*, son fils, prenait la qualification de *libre* (3) dans divers actes. Il donna une partie du do-

---

(1) *Histoire de l'université au comté de Bourgogne*, II, 450.
(2) Le château d'Asuël existait au-dessus du village de ce nom, dans le district et non loin de Porrentruy. Il est distant de 4 kilomètres d'un autre château dit le *Monterri* (Mont-Terrible) et Camp de Jules-César, territoire de Cornol.
(3) *Liber*.

maine de Gerdwillers au monastère de Grangour en 1187 (1), et il fut témoin, en 1233, de la donation faite à l'église de Bâle des domaines de Volschwillers et de Dirlinsdorf par le comte Ulrich de Ferrette. Le titre si remarquable de *libre* que portait Richard de Glère, fait voir que sa terre était de franc-alleu, et qu'il vivait dans une entière indépendance. Ses successeurs furent appelés *libres barons, dynastes*, et ils jouissaient en quelque sorte d'une entière souveraineté dans leur terre. Leurs ancêtres avaient reçu d'Othon I*er* ou d'un autre empereur les droits régaliens, comme le démontre irréfragablement celui de battre monnaie, que les barons de Montjoie exerçaient encore au xvi*e* siècle (2), ce qui est encore un indice de l'existence de la famille de Glère au x*e* ou du moins antérieurement au xii*e* siècle. Elle jouit de cette *dynastie*, c'est-à-dire de cette petite souveraineté, plus d'un siècle avant la noblesse de l'Alsace, car Schœpflin ne fixe qu'à l'an 1268 pour celle-ci l'ère de la liberté et de l'indépendance. « En cette année, dit-il, avec Conradin s'éteignit le duché d'Alsace, et les seigneurs de cette contrée ne relevèrent plus que des empereurs (3). »

Richard I*er* de Glère fit élever la forteresse de Montjoie vers la fin du xii*e* siècle. Nulle part signalée avant ce seigneur, elle n'est mentionnée pour la première fois qu'en 1233. Sa position sur les limites de la Bourgogne annonce assez que le motif de sa construction n'était autre que de protéger et défendre de ce côté la seigneurie de Glère. Aussi Schœpflin a-t-il écrit que le plus ancien et le premier seigneur connu de la maison de Montjoie s'appelait Richard.

Un seigneur que nous ne connaissons que par la lettre double W..., initiale de son nom, duc de Limbourg et comte de Luxembourg dans les Pays-Bas, était le frère ou le fils de Richard I*er*. On lit effectivement dans dom Calmet (4) une attestation donnée par

---

(1) Le prieuré de Grangour, de l'ordre de Prémontré, dépendant de l'abbaye de Bellelay, existait dans le village de ce nom, près Delle, sur la paroisse de Mutigney.

(2) Le 18 juillet 1554, l'empereur Charles V défendit de recevoir dans le comté de Bourgogne la monnaie de Montjoie, comme n'étant pas de poids et d'aloi; ce qui a donné lieu en Franche-Comté au proverbe, encore répété de nos jours : *Les mauvais payeurs paient en monnaie de Montjoie.*

(3) *Alsatia illustrata*, I, p. 625, 666; II, p. 10, 539 et 688.

(4) Henricus de Montjoie et Val. junior de Lemburg frater ejus, testamur quod nos pro matrimonio Katharinæ sororis nostræ, quam dominus Matheus, dux Lotha-

Henri de Montjoie et Val... de Limbourg, son frère, à l'occasion du mariage de leur sœur Catherine avec Mathieu II, duc de Lorraine, où est mentionné leur père, W..., comte de Luxembourg et duc de Limbourg. C'est par cette alliance que, dès les premières années du xiii° siècle, la famille de Montjoie devint l'intime parente de celle qui régnait sur la Lorraine, et à laquelle elle n'était pas d'ailleurs inférieure en position sociale. Nous n'avons pu découvrir les descendants d'Henri de Montjoie et de Val... de Limbourg, son frère (1). Mais leur sœur Catherine, tutrice de Ferri dit le Chauve, son fils, gouverna la Lorraine pendant trois ans (de 1251 à 1254) avec non moins de fermeté que de sagesse.

Richard II de Glère, fils de Richard Ier, qualifié *noble*, épousa, vers 1250 au plus tard, Marguerite de Ferrette, sœur du comte Ulrich Ier, car les enfants de celui-ci appelèrent *cousins* ceux de Richard de Glère. Du consentement de son épouse, il vendit en 1267, pour 30 talents de deniers bâlois, à la femme d'un bourgeois de Bâle, un domaine situé à Mittelmuespach, dans le canton de Ferrette. L'acte de cette vente, à laquelle consentirent aussi ses enfants, fait connaître leurs noms. Ils étaient au nombre de six : *Henri, Berthod, Guillaume, Anne,* nonne à Seckingen ; *P... ou C...,* dite abbesse, et *Adélaïde.*

Ce n'est qu'à dater de la construction du château de Montjoie que quelques-uns des nobles de Glère prirent le nom de *sires de Montjoie.* Avant de présenter la généalogie de ceux qui ont porté constamment cette qualification de père en fils, faisons connaître leurs parents qui paraissent avoir été une branche séparée, parce qu'ils se nommèrent simplement *de Glère.* C'est d'abord *Berthod Ier,* fils de Richard II; *Jean de Glère,* chevalier, sire de Montjoie, mentionné dans divers actes de janvier 1326 et d'octobre 1335. Il épousa en 1330 Agnès de Saint-Mauris en Mon-

---

ringiæ duxit in uxorem, ipsum de mandato et voluntate patris nostri W., ducis de Lemburg et comes de Luxemburg, etc., etc. (*Communiqué par M. Friry, de Remiremont.*)

(1) Nous ne connaissons d'autre alliance des Montjoie avec les ducs de Lorraine que celle de Catherine sœur d'*Henri de Montjoie.* Comme tous les historiens donnent les *Montjoie d'Alsace* pour alliés à la famille de Lorraine, nous pensons que W...., Henri et leurs descendants ont formé une branche des Montjoie dans les Pays-Bas. Ils ont laissé ce nom à un village des provinces rhénanes, près de Cologne, dont l'électeur honora toujours les *Montjoie d'Alsace* de sa bienveillante confiance et de son intimité.

tagne (1), qui lui donna trois fils : *Ulrich*, d'abord prieur de Mouthier-Hautepierre et ensuite de Chaux-lez-Clerval en 1356 ; *Richard*, abbé de Baume-les-Moines en 1367, et noble *donzel* (2) *Berthod II de Glère*, sire de Montjoie. Il consentit, en janvier 1374, à la vente d'un fief que Jean Simonin de Cœuve retenait de lui. Il était vassal lui-même de l'évêque de Bâle pour les dîmes d'Hirsingen et de Grentzingen, un chasal à Porrentruy, le quart de la dîme de Bisel, de Seppois, de Friessen, et les bois situés sous le village des Pommerats, avec une partie des champs et des prés tenus par les habitants de ce lieu. *Berthod III* de Glère, sire de Heymersdorf, engagea vers 1389 la forteresse de Moron à *Louis de Montjoie, son cousin*. Il fonda son anniversaire dans l'abbaye de Lucelle en 1398, moyennant la rente annuelle de 4 livres 3 sols, et donna en fief à Jean de Boncourt, écuyer, des terres situées sur le territoire de Cœuve (1400). Enfin, *Louis* est le dernier seigneur *de Glère*, et ce nom ne paraît plus dans les chartes à dater des premières années du xve siècle.

Vuillaume ou Guillaume Ier du nom, chevalier, sire de Montjoie en 1291, a laissé une lignée dont tous les membres, de père en fils, ont constamment porté jusqu'à nos jours le titre de Montjoie, tandis que la descendance des autres seigneurs de Glère n'est point parvenue jusqu'à nous. C'est pourquoi nous commençons la généalogie de la maison de Montjoie dont la filiation est connue et appuyée de titres authentiques, depuis Guillaume Ier. Ce seigneur, né en 1265, épousa en avril 1296 Jeanne de Rougemont ; deux fils et deux filles sortirent de ce mariage : *Jean*, mort sans enfants ; *Guillaume IIe* du nom : *Béatrix*, qui épousa en 1314 Vauthier de Varé ; et *Emerande*, qui s'allia à Guillaume III, comte de Genève. Malgré l'illustration de l'alliance de ses enfants, le sire de Montjoie était pourtant déchu de l'état d'indépendance dont avaient joui ses ancêtres. Dès l'an 1291, on le voit possesseur du péage de Delémont. Un an après son mariage, il était vassal de Renaud, comte de Montbéliard. Dans un traité du lundi après l'Invention de sainte Croix (6 mai 1297), ce

---

(1) Voyez la *Généalogie de la maison de Saint-Mauris*, et LABBEY DE BILLY, *Histoire de l'université*, t. II, p. 23.

(2) Le mot *donzel* signifie la même chose que *damoiseau*, petit seigneur, du latin *domicellus*, diminutif de *dominus*. Ce titre se donnait aux jeunes gentilshommes.

seigneur appelle le sire de Montjoie *mon amé et féal chevalier* (1). Par cet acte, ces seigneurs abolirent la coutume existante dans leurs terres, en vertu de laquelle les enfants, après la mort de leur père, suivaient la condition de la mère et devenaient les hommes du seigneur de celle-ci. Ce n'est pas tout : le même Renaud résigna, le 20 septembre 1300, à l'évêque de Bâle le château de Montjoie avec ses dépendances, comme *Vuillerme de Gleires les tient de lui* (2). Nous ignorons la suite de cette résignation, et nous n'avons trouvé nulle part des reprises de fief de leur château, faites par les sires de Montjoie aux évêques de Bâle. Mais dès le commencement du xiv° siècle, ils étaient les féaux de ces prélats pour divers droits seigneuriaux qui leur avaient été inféodés dans la haute Alsace. Otton de Grandson donna en fief dès 1308, à Guillaume, sire de Montjoie, les dîmes épiscopales dans les paroisses de Grentzingen et d'Hirsingen dans le Sundgaw, à charge qu'il habiterait Porrentruy et défendrait cette ville en cas d'attaque. Ce fief masculin, quoique héritable par les mâles, devait pourtant retourner à l'église de Bâle en cas d'extinction de ceux-ci.

La valeur militaire caractérisa le sire Guillaume Ier, car Edouard Ier, roi d'Angleterre, paya un subside annuel *à messire et à noble homme Vuillames* de Montjoie pour qu'il fît la guerre à Philippe le Bel, roi de France. Il marcha donc pendant trois à quatre ans, avec les seigneurs comtois mécontents du traité de Vincennes, contre les troupes du roi de France, et se distingua par son courage dans toutes les rencontres (3). A la même époque, Guillaume rendit aussi des services bien importants à Thiébaud, comte de Ferrette, puisque celui-ci s'engagea en 1298 à lui payer 60 marcs (4) d'argent à titre de récompense et lui engagea 60 quar-

---

(1) *Noster fidelis et amabilis miles* dominus de Montegaudio. (Voyez Pièces justificatives, n° 1.)

(2) Castrum de Montjoie cum suis pertinentiis secundùm quod dominus *Vuillermus de Gleires* tenet ab ipso.

(3) Le 2 mars 1294, Otton IV, comte de Bourgogne, céda son comté à Philippe le Bel, roi de France, dont un des fils devait épouser *Jeanne*, l'unique héritière d'Otton. Ce traité fut conclu sans le consentement des nobles comtois, qui, fâchés de voir leur pays cédé à la France, se liguèrent contre le souverain de ce royaume. Edouard Ier, roi d'Angleterre, alors en guerre avec Philippe le Bel, subventionna l'association des barons comtois et leur promit 80,000 livres par an tant que durerait la guerre. C'est de cette époque qu'eut lieu en Franche-Comté le cours des *sterlins* et des *édouards*, monnaie anglaise.

(4) Le marc d'argent valait 2 francs 80 centimes 3/4.

taux (1) de froment sur le village de Riespach, canton d'Hirsingen. Dans l'acte de cet engagement, le comte de Ferrette nomme le sire de Montjoie, *nostre bien amez coisins Willames de Gliers, chevalier sire de Montjoie,* ce qui démontre la parenté qui unissait ces deux seigneurs, car la qualification de cousin ne s'employait encore, à cette époque, que pour rappeler la parenté.

L'établissement de saint Ursanne sur les bords du Doubs au commencement du vii° siècle, la présence des nobles de Glère un peu plus bas dans la même vallée trois siècles après, y avaient amené sans doute quelques habitants; mais ils étaient encore peu nombreux même au commencement du xiv° siècle. Est-il surprenant qu'on ne voie que dix à douze habitants à Montjoie et à Moron, quand à la même époque Saint-Hippolyte n'en avait que vingt? Ces gorges tristes et sauvages, encore toutes couvertes de ronces et de broussailles, avaient peu d'attrait pour des êtres humains. D'un autre côté, la dîme à la sixième gerbe et les autres charges féodales qui pesaient sur les serfs appelés par les nobles de Glère pour les défricher, ne pouvaient qu'en éloigner les colons. C'est pourquoi le sire Guillaume de Montjoie songea à changer la politique de ses ancêtres et à adoucir la position de ses serfs. Il s'entend d'abord avec *son cousin* Jean de la Roche, seigneur de Saint-Hippolyte et de Châtillon, et conclut un traité avec lui en 1307 pour statuer qu'ils recevront gratuitement les hommes qui s'établiront dans leurs seigneuries respectives en passant de l'une à l'autre. Il avait accordé déjà des lettres de franchise à son bourg de Montjoie en décembre 1306; Moron fut affranchi à son tour le lundi avant la fête saint Jean-Baptiste 1315. Voici les clauses de ces affranchissements, qui sont identiques, aux indications des localités près :

1° Les hommes des bourgs du sire de Montjoie furent affranchis à perpétuité des tailles, prises et corvées *comme les bourgeois de Montbéliard,* et le seigneur s'obligea à les garder et *défendre selon les us et coutumes de Montbéliard,* se réservant ainsi qu'à ses successeurs le lost, la chevaulchie et toute justice *comme à Montbéliard,* à charge par les bourgeois de résider continuellement dans les bourgs et non ailleurs.

2° Les bourgeois furent chargés de payer annuellement au

---

(1) Le quartal, ou 4 quartes de 20 livres l'une, se vendait 33 centimes.

seigneur par chaque toise de la façade de leurs maisons, 12 deniers de la monnaie courante au diocèse de Besançon [1], par moitié à la fête de la Nativité saint Jean-Baptiste et l'autre moitié à Noël. Les hommes qui n'avaient point de maisons et de chasaux furent dispensés de ce cens, mais il leur fut interdit de posséder chènevières et jardins.

3° Aux époques précitées, les bourgeois devaient encore au seigneur 12 autres deniers par chaque journal de labour et faulx de pré, et un quartal de vin par chaque muid *(mesure de Montbéliard)* s'ils plantaient des vignes.

4° Tout étranger autre qu'un habitant du comté de la Roche-Saint-Hippolyte, qui s'établissait dans la terre de Montjoie, payait 12 deniers en entrant et prêtait serment de fidélité au seigneur.

5° Si on quittait la seigneurie, il fallait encore payer la même somme et recommander à Dieu, c'est-à-dire faire ses adieux au seigneur et à sa famille. L'émigrant devait mettre en vente sa maison dans le cours de l'année de sa sortie. S'il ne trouvait pas à la vendre, le seigneur devait l'acheter aux enchères, en concurrence avec quatre bourgeois de la ville ; si ceux-ci en devenaient les adjudicataires, ils payaient les cens jusqu'à ce qu'ils la revendissent. Le seigneur devait aussi accompagner et garder pendant un jour et une nuit, mais sur ses terres seulement, le bourgeois qui s'en allait ; celui-ci pouvait emmener ses meubles ; ses terres restaient la propriété du seigneur.

6° Un bourgeois parti sans recommander le seigneur à Dieu et payer les 12 deniers, et sommé de rentrer dans la seigneurie, s'il n'y revenait dans la huitaine encourait la déchéance de tous ses biens ; le seigneur pouvait s'en emparer, où qu'ils fussent situés.

7° A la mort d'un bourgeois, ses biens passaient à ses parents d'après les lois sur les successions, ou au seigneur, à la réserve du douaire viager des femmes, s'il voulait en disposer autrement.

8° Enfin, les bourgeois ne pouvaient acquérir par échange et donation des maisons et des héritages qu'après avoir obtenu le consentement du seigneur. On voit dans ces mêmes lettres que les limites du territoire de Moron comprenaient les terres *dès Mé-*

---

[1] Ces 12 deniers valaient un sol estevenant ou 8 deniers de France.

téltre (1) jusqu'à la motte derrière la maison Vuillet, de Vaufrey, et le terrain en culture sur le Doubs en suivant le contremont de cette rivière par devers et jusqu'au chemin de Moron. Ce territoire ne devait s'étendre plus loin, si ce n'est par la volonté du seigneur. Le sire de Montjoie s'obligea aussi à faire construire à ses frais quelles fortifications il lui plairait à Moron dans le délai des vingt années suivantes, à charge par les bourgeois de les entretenir ; mais les grosses réparations étaient pour une moitié au compte du seigneur. Les bourgeois furent encore obligés de payer chaque année, à la Saint-Michel, un quarteron de froment (*mesure de Montbéliard*), au prêtre qui desservirait la chapelle de Moron. Nous ignorons si elle exista jamais, mais la forteresse fut construite de 1318 à 1335. Au reste, le sire Guillaume, de concert avec Jean de Saint-Mauris, seigneur de Montursin et co-seigneur à Montjoie, fonda, dès l'an 1304, dans l'église du château de ce lieu, deux chapelles dédiées à saint Nicolas et à sainte Catherine. Colin de Saint-Mauris et son épouse Clémence de Montjoie (2) donnèrent à ces chapelles des revenus qui se prélevaient sur la seigneurie de Montursin. Elles étaient des bénéfices auxquels les Montjoie, en leur qualité de fondateurs, nommèrent toujours les titulaires. Guillaume de Montjoie figura encore comme témoin dans des actes faits en janvier 1314 et en mars 1317, et mourut vers 1328.

Son fils Guillaume II° du nom, sire de Montjoie et de Moron, se permit vers 1327 de ravager les terres de la comtesse de Bourgogne, Jeanne, devenue reine de France par son mariage avec Philippe le Long. Cette expédition eut une triste issue pour le sire de Montjoie. Ce seigneur fut fait prisonnier, mis en bonne

---

(1) *Mélêtre* signifie, à ce que nous croyons, le mi-tertre ou le contrefort de la montagne au-dessus duquel la forteresse de Moron fut bâtie.

(2) Clémence de Montjoie, sœur de Guillaume Ier, était, en 1303, dame sacristaine et administratrice du spirituel et temporel de l'insigne chapitre de Remiremont. Elle est signalée dans des titres par les initiales P ou C., avec la qualification d'abbesse. Cette dame épousa en 1318 Colin de Saint-Mauris, qui était le frère du co-fondateur des chapelles de Montjoie. Un autre frère de ces seigneurs, pareillement du nom de Jean III de Saint-Mauris, reçut, à l'occasion de son mariage, divers dons de Jean comte de la Roche et de Marguerite de Neuchâtel-Bourgogne, son épouse, à raison, disent-ils, *de leur affinité de lignages et de parenté avec les deux parties*, ce qui indique identité d'origine des Saint-Mauris avec les sires de la Roche et de Montjoie. (Voyez LABBEY DE BILLY, t. II, p. 22, *Généalogie de Saint-Mauris*.)

forteresse, d'où il ne put sortir qu'après avoir donné une juste satisfaction pour les dégâts qu'il avait faits. Guillaume n'était ni puissant ni riche. En 1340, il est vassal de Thiébaud V de Neuchatel-Bourgogne et lui fait hommage de sa forteresse de Montjoie avec un accroissement de fief. Les archives d'Autriche le présentent comme possesseur d'un fief de la dynastie d'Altkirch. Il avait reçu en effet, en 1336, de l'archiduc Rodolphe, administrateur du comté de Ferrette, la tour et le bourg d'Heymersdorf (1), canton d'Hirsingen, avec le quart du fief et le patronage de la cure de ce dernier lieu, Ruederbach, les mairies de Mittelmuespach et d'Hundelingen. Au XVII° siècle (1630), ce fief fut accru d'un quart en compensation de ce que la famille de Montjoie avait rendu aux nobles de Delle. Schœpflin s'est trompé en écrivant que ce don avait été fait à Jean fils de Louis de Montjoie, qui n'existait pas encore. Tous les traités conclus par Guillaume de Montjoie annoncent la gêne dans ses finances; nous ne pouvons assigner d'autre cause à cette position que les indemnités qu'il eut à payer à Jeanne de Bourgogne. Le 15 octobre 1330, il fait un accord pour les forêts des côtes du Doubs vers les Pommerats avec Jean de Chalon, évêque de Langres, administrateur de l'évêché de Bâle, qui l'appelle *noble homme monsire Guillaume, seigneur de Montjoie, mon bien-aimé et féal chevalier.* Le 30 décembre 1335, il vend à *Jéhannenat de Rocourt*, écuyer, fils de Henri de Rocourt, le village de Montancy, alors dépendant de la paroisse de Bressaucourt, avec tous les droits seigneuriaux qu'il y possédait, pour 100 livres de bons bâlois monnaie coursable au marché de Porrentruy, qu'il avait touchés par ci-devant. Il lui fit encore la cession de 10 livres de la même monnaie à prélever chaque année sur le produit de ses moulins de Bremoncourt. Il y avait en ce lieu des nobles qui en portaient le nom, puisque le 24 août 1345 le sire de Montjoie fit un accord avec *Guillaume de Bremoncourt, chevalier,* pour les forêts de la Cernie auprès de ce village.

Guillaume II de Montjoie avait épousé Catherine, fille de Rodolphe IV, comte de Neuchatel en Suisse, et d'Eléonore de Savoie. De ce mariage sortirent deux enfants, *Rolin* devenu évêque de Viterbe, et *Louis* qui continua la lignée. Bien jeunes encore

---

(1) En français Eméricourt.

ils perdirent leur père, mort avant 1330, car un acte du 2 novembre de cette année mentionne *Guillaume de Glère, jadis sire de Montjoie*, et Catherine de Neuchâtel son épouse, avec leurs deux fils, dont Louis comte de Neuchâtel fut le tuteur.

Dès la fin du XIIIe et pendant le XIVe siècle, on voit la maison de Montjoie attirée vers l'empire d'Allemagne par les terres et les droits féodaux qu'elle reçoit des princes de la maison d'Autriche et des évêques de Bâle leurs feudataires. Durant la dernière de ces périodes, ceux-là travaillent constamment à s'attacher la noblesse alsacienne et celle des contrées limitrophes. Déjà en 1275, l'empereur Rodolphe de Habsbourg avait donné à partager la succession de Nicolas de Halstatt aux comtes de Ferrette et aux sires de Schavembourg et de Montjoie. Les comtes de Ribeaupierre, les plus riches et les plus puissants seigneurs de l'Alsace, contribuèrent le plus efficacement à amener la noblesse alsacienne à reconnaître la souveraineté des Habsbourg [1]. Ainsi, par suite de leurs sollicitations, les Montjoie, les Reinach, les d'Anaraw, les Schavembourg, les comtes de Ferrette, se soumirent aux archiducs d'Autriche. De leur côté, les évêques de Bâle, princes de l'empire depuis le XIe siècle, et dont le diocèse comprenait presque tout le Haut-Rhin actuel, sauf la partie occidentale du canton de Belfort qui dépendait de celui de Besançon, travaillaient à rehausser l'éclat et la force de leur principauté en multipliant le nombre de leurs vassaux par la concession en fiefs de leurs terres, dîmes et autres droits seigneuriaux, aux nobles du voisinage. Telles sont les causes qui ont préparé pendant plus d'un siècle et produit enfin l'annexion définitive de la vallée de Montjoie à l'Alsace et à l'empire d'Allemagne.

Pendant le cours du XIVe siècle, les comtes de Montbéliard furent encore les suzerains du fief de Montjoie, mais ils le cédèrent à Thiébaud V de Neuchâtel. Le sire Guillaume II reprit de fief son château de ce seigneur le 29 décembre 1336. Jeanne, comtesse de Montbéliard, lui céda de nouveau en 1341 ces mêmes seigneuries, à elle acquises définitivement depuis 1332 par le partage des biens de son père le comte Renaud de Montbéliard. A cette époque, par conséquent, la maison de Montjoie n'avait encore qu'un rang inférieur parmi la no-

---

[1] Voyez LAGUILLE, 2e partie, livre XX.

blesse. Mais Louis de Montjoie, fils de Guillaume, la tira de cette humble position pour l'élever au plus haut degré d'illustration. Ce seigneur occupa les premières places à la cour des princes, fut grand maréchal de l'Eglise romaine, chevalier de l'ordre de l'Annonciade, conseiller et chambellan du roi de France et vice-roi des royaumes de Sicile et de Naples. Sa vie s'écoula au milieu de guerres continuelles avec alternative de succès et d'insuccès. Ces guerres fréquentes, souvent injustes, toujours accompagnées de cruautés, attestent la grossièreté et la barbarie des mœurs au xive siècle.

Au mois de septembre 1360, Louis de Montjoie épousa Jacobée de Cly, sœur ou fille de Pierre de Cly, seigneur de Rochedor. Peu de temps après (1364), il marche à la suite d'Henri de Montbéliard, gardien du comté de Bourgogne, et de Thiébaud VI de Neuchatel, confédérés avec d'autres seigneurs bourguignons afin de défendre les droits de Marguerite de Flandre à la possession de la Franche-Comté, que lui contestait Philippe le Hardi, duc de Bourgogne. Le sire de Montjoie continuait à être dans la vassalité de Thiébaud de Neuchatel, car la suzeraineté sur sa terre de Jeanne de Montbéliard, veuve en premières noces d'Ulrich comte de Ferrette et remariée au marquis de Bade, étant passée à sa fille Alice de Bade, épouse de Valerand de Thierstein, ceux-ci la vendirent le 4 avril 1369 à Etienne comte de Montbéliard, pour 2,000 florins. Ils mandent à Thiébaud, qui tenait ce fief avec ceux de Belmont, Cusance et Champterin, de faire les foi et hommage à l'acheteur. Sur ces entrefaites, les archiducs d'Autriche Léopold et Albert, neveux d'Alice de Bade, usant du droit de retrait sur ces seigneuries, en transportent la suzeraineté au sire de Neuchatel Thiébaud VI pour la même somme, et à condition qu'il les servira pendant deux ans avec dix cavaliers armés et qu'il leur donnera l'entrée dans tous ses châteaux tenus en propre ou en fief. Ceci amena un grave débat, qui dura plusieurs années, entre Etienne comte de Montbéliard et le sire Thiébaud ; il fut terminé le 23 août 1375, par la médiation de l'évêque de Toul et de Jean, seigneur de Ray.

Pendant ce temps-là, Louis de Montjoie était en guerre avec l'évêque de Bâle Jean de Vienne, son suzerain ; il lui enleva le château de Soyères près Delémont, qu'il conserva pendant trois ans. Thiébaud de Neuchatel prit le parti de l'évêque de Bâle, et le sire de Montjoie se vengea en commettant de grands dégâts dans la terre de Neuchatel. Thiébaud vint à bout de s'emparer de son ennemi, qu'il fit enfermer dans la forteresse de Blamont, où il le réduisit à une rude captivité. Isabelle de Neuchatel en Suisse, comtesse de Nidau, cousine de Louis de Montjoie, intervint en sa faveur; la paix fut conclue le 20 mai 1373. Le prisonnier, selon l'usage de ce temps, s'obligea à ne tirer aucune vengeance des mauvais traitements qu'il avait subis. L'évêque de Bâle, Egon comte de Fribourg, et Guillaume Estenauwer, se portèrent caution pour lui et envoyèrent chacun un otage dans les forteresses de Thiébaud jusqu'à l'entier paiement de l'indemnité qui lui avait été promise. Louis de Montjoie sortit de prison le 20 juin, et le 8 juillet il reconnut le château et le bourg de Montjoie fief rendable de Neuchatel (1). L'acte de cette reconnaissance fut rédigé dans la chapelle de Blamont, devant le grand autel, en présence de plusieurs seigneurs. A la fin du siècle, Louis de Montjoie était encore sous la dépendance du sire de Neuchatel, et celui-ci ne manqua pas de faire respecter ses droits avec une recrudescence de fermeté depuis la révolte de son vassal. Nous en avons la preuve dans la manière dont il fit acte de suzeraineté; le 19 février 1398; elle mérite d'être signalée. Thiébaud envoya *Jean le Camus*, seigneur d'Asuël, se présenter aux portes du château de Montjoie avec deux notaires et des témoins. Là, le sire d'Asuël et les agents qui l'accompagnent s'arrêtent. On appelle le châtelain *Jean de Montjoie* et on lui demande s'il n'est pas vrai qu'il tient son château et sa terre comme un fief rendable de Neuchatel. Jean répond affirmativement, ouvre les portes dont il présente les clefs au sire d'Asuël, à qui il prête serment de garder la forteresse pour et au nom de Thiébaud. L'envoyé du suzerain remet les clefs au portier, et les notaires rédigent l'acte de la reconnaissance qui vient d'être faite, sous la porte principale du castel.

Si Louis de Montjoie succomba sous les armes du sire de Neuchatel, il resta vainqueur dans les combats qu'il livra à Verner, évêque de Bâle, et aux nobles qui le soutenaient en 1374. Sous cette date, on voit dans les prisons de Montjoie Petreman Schal-

---

(1) Les *fiefs rendables* étaient ceux dans les forteresses desquels le suzerain pouvait entrer à volonté.

ler, frère de l'évêque, Aymon de Domprel et Valter de Colombier, appelés ses complices. Vingt seigneurs, parmi lesquels figurent les comtes de Habsbourg, de Neuchatel, de Hocberg, de Thierstein, se portèrent caution pour obtenir l'élargissement de Pétreman Schaller, et huit gentilshommes se constituèrent en otages afin qu'Aymon et Valter fussent rendus à la liberté. Le sire de Montjoie ne fit la paix avec l'évêque de Bâle qu'en 1383. Dans le traité fait à ce sujet, le prélat l'appelle *noble, courageux baron Louis de Glère, maréchal du pape Clément VII à Avignon*. C'est le premier titre où nous ayons trouvé le sire de Montjoie qualifié *baron* : ses successeurs n'ont discontinué de prendre cette qualification jusqu'au milieu du xviii° siècle (1).

Par sa mère Eléonore de Savoie, le baron de Montjoie était le petit-neveu du pape Clément VII, résidant à Avignon. Nous rappellerons que presque aussitôt après le couronnement du pape Urbain VI, en 1378, les cardinaux, sous le prétexte de l'invalidité de cette promotion, élurent un autre pape : ce fut Robert, des comtes de Genève, qui prit le nom de Clément VII. Cette double élection occasionna un schisme dans l'Eglise, on l'a surnommé le *grand schisme d'Occident* : il a duré quarante ans, puisqu'il ne cessa qu'en 1414 au concile de Constance. Urbain resta à Rome, et Clément vint habiter Avignon. Le baron de Montjoie conduisit en Italie les troupes de Savoie pour combattre celles d'Urbain VI, compétiteur de son oncle (1379). Victorieux d'abord sous les murs de Rome, il fut vaincu à son tour et fait prisonnier à la bataille de Marino. Cette haute parenté et les services rendus au pape Clément expliquent la brillante position à laquelle il parvint à la cour papale et à celle de France, dont le souverain était le principal appui du pape d'Avignon. Ce pontife avait investi Louis Ier, duc d'Anjou, prince français, des royaumes de Sicile et de Naples, possédés par Ladislas, grand partisan d'Urbain, et il fallait l'en déposséder. Louis II d'Anjou traita avec le baron de Montjoie pour lui aider à conquérir ces royaumes, dont

---

(1) Ces mots *bers, faron, baron*, signifient la même chose, c'est-à-dire un grand seigneur vassal du souverain. Pour être titré *simple baron*, il fallait posséder au moins trois châtellenies, et pour être *comte* deux baronies et trois châtellenies, ou une baronie et six châtellenies. Le père de Louis de Montjoie portait déjà le titre de *sire* ou de *baron*; mais tous leurs ancêtres se qualifiaient seulement de *nobles* ou de *chevaliers*.

il lui conféra la vice-royauté. Pour cette expédition lointaine, Louis de Montjoie avait besoin d'argent, et Galéas, duc de Milan, lui créa une rente viagère de 4,000 florins qu'il hypothéqua sur ses biens : cette somme fut tenue en fief par le sire de Montjoie, qui en fit hommage le 3 février 1403. L'année suivante il était en guerre avec Hesso marquis d'Hocberg et Thuring de Ramestein, à l'occasion de la seigneurie de Heymersdorf ; mais ce différend fut terminé par une transaction.

D'après le testament de Louis de Montjoie, divers titres et tous les généalogistes, il ne laissa que deux fils. L'aîné, appelé *Guillaume*, reprit de fief, en 1390, de Thiébaud de Neuchatel, les seigneuries de Vaufrey, Blantereine, Seigne, Châtel-Montjoie et les dépendances. Élu évêque de Béziers en 1424, il mourut le 3 avril en 1451. Le cadet, nommé *Jean*, fut l'héritier universel de son père. Avant de repartir pour l'Italie, Louis de Montjoie passa, en 1408, procuration à son fils Jean pour faire un traité de combourgeoisie avec la ville de Bâle ; il voulut par là lui assurer un appui et un soutien pendant son absence. Le sire de Montjoie contribua activement à la victoire que Louis II d'Anjou remporta en 1410 sur Ladislas. De ses voyages en cour de Rome, le baron Louis rapporta la statue en pierre de la Vierge vénérée encore de nos jours dans la chapelle de Montjoie, sous le titre de *Notre-Dame d'Avignon*. Selon toutes les probabilités, les reliques de *saint Joyeux* (1), qu'on y voit aussi renfermées dans un buste de jeune homme, ont encore la même origine. Ces objets religieux sont non moins respectables par leur antiquité que par la concession que le souverain pontife en aura faite.

Louis de Montjoie testa le 21 septembre 1424, et nomma pour exécuteurs testamentaires le roi et la reine de Sicile et de Naples. Il légua par préciput le château de Montjoie à son fils Jean, et mourut à Avignon le 23 juin 1425. Il fut inhumé dans l'église des frères Prêcheurs de cette ville, où un mausolée superbe lui fut érigé (2).

(1) Reliquiæ sancti Gaudii.
(2) Autour de la grille de fer qui entourait le mausolée de Louis de Montjoie, on lisait l'épitaphe suivante : Ci-gît messire Louis, sire de Montjoie, maréchal de N. S. P. le pape Clément VII, conseiller chambellan du roi de France, et, par l'ordonnance de notre dit saint-père, sans changer son office de maréchal, vice-roi de Sicile et de Naples pour les rois Louis Ier et Louis II, qui trépassa de ce siècle le 23 du mois de juin 1425. Dieu veuille avoir son âme !

La puissance de la maison de Montjoie commence sous le sire Guillaume II. Dès 1331, ce seigneur donne un fief à un nommé *Meillan* de Chaté [1]. La même année, les Maillard de *Châtel-Vouay* reprennent de lui la maison forte de ce nom [2]. Le lundi après la Saint-Martin (1332), un *Girard*, dit moine de Tréviliers, reçoit en fief 40 livres estevenantes, et les *Voglensberg* deviennent ses vassaux en 1339. Mais à ces premiers féaux, son fils en ajouta un grand nombre d'autres. Louis de Montjoie donne en fief à *Marguerite de Bremoncourt*, veuve de *Bouchard Sporer d'Epting*, et à *Henneman de Bremoncourt*, son neveu, les biens qu'ils retenaient de lui en ce lieu (10 décembre 1383); il reçoit l'hommage des *Dupray* (1400), de *Stokard*, écuyer à Porrentruy, pour une rente de 10 livres estevenantes et différentes pièces de terre en cette ville (22 juin 1403); des *Dornick* et des *Zurheim* (1404), des *Marchalx* de Delémont (1411), des *Hungestein* (1414) [3], etc. Toutes ces reprises de fiefs furent faites selon les us et coutumes de Bourgogne, à cause de la forteresse de Montjoie. Les inféodations concédées à ces nobles eurent pour cause les services rendus au baron de Montjoie pendant les guerres qu'il eut à soutenir. Elle est expressément mentionnée dans celle qui fut faite à *Perrin Jacquemard*, écuyer à Lavans, qui reçut en fief tous les biens qu'*Henri la Grue* retenait de lui au territoire de Cœuve.

(1) Quel est ce *Châté?* nous l'ignorons. Nous présumons que c'est *Chaitel*, près *Grand-Essert*, mentionné sous l'an 1312. (Voyez *Ephémérides* de Duvernoy, 5 avril.)

(2) *Châtel-Vouay* ou *Mont-Vouay* (*Montvoie*) était un château fort situé plus bas que Saint-Ursanne, sur la rive droite du Doubs, non loin du village de la *Motte*. Il en existe encore des vestiges imposants : c'était, croit-on, une fondation des templiers.

(3) Guillaume *de Hungestein* reçut du fils de Louis de Montjoie la permission de reprendre son douaire de veuf (*vidualitium*) sur les dîmes de Hochstatt.

CHAPITRE III.

Mariage de Jean Ier de Montjoie. — Il soutient l'archevêque Guillaume de Vergy contre le duc de Bourgogne. — La baronie de Montjoie fief oblat de l'empire. — Différends du sire de Montjoie avec Thiébaud de Neuchatel. — Confédération contre les archiducs d'Autriche. — Mort de Jean de Montjoie; ses enfants. — Extinction de la maison de Clère-Montjoie. — Commencement des Thuillières-Montjoie. — Jean-Louis, tige de cette seconde maison de Montjoie; son mariage; il reçoit l'investiture du duc d'Autriche; ses guerres avec ce prince; ses enfants, sa mort. — Didier de Montjoie. — Il reçoit l'investiture, même pour les filles, fait des acensements; ses vassaux, sa mort.

Jean Ier de Gliers, *donzel,* fils de Louis de Montjoie, maréchal du pape, passa son contrat de mariage le 19 février 1386 avec Jeanne, fille de Henri comte de la Roche, sire de Villersexel. Son épouse reçut en dot 2,000 francs d'or, 500 francs d'or (1) de Guillaume de Vergy, archevêque de Besançon, et pareille somme de Jean de Vergy, sire de Fonvent. Il fut stipulé dans cet acte qu'au cas où Louis de Montjoie aurait d'autres enfants mâles, les châtel et bourg de Montjoie appartiendraient en entier à son fils Jean. Le 27 février de la même année, Jean de Vergy, sire de Champlitte, reconnut à son tour devoir à ces futurs époux 500 francs d'or au coin de France. La mère de la future épouse était Guilemette de Vergy, sœur de l'archevêque de Besançon. Cette circonstance explique pourquoi Jean de Montjoie prit dès le mois d'avril 1391 le parti de Guillaume, archevêque de Besançon, contre Philippe le Hardi, duc-comte de Bourgogne, qui attaquait le privilége de battre monnaie appartenant à ce prélat et à son chapitre. Plus tard (1417), Jean de Montjoie éleva aussi des prétentions sur le château de Hoën-Eguisheim, berceau, selon la tradition, du pape Léon IX, de la famille duquel les comtes de Dagsbourg et de Ferrette avaient recueilli les biens. Les comtes

---

(1) Le franc valait à cette époque 13 sols 4 deniers.

de Ribeaupierre s'opposèrent à ses réclamations; de là, un différend qui fut terminé par l'arbitrage de Charles, duc de Lorraine, de Conrad, comte de Fribourg, et de Rumelhard, duc de Veslingen.

Jean de Montjoie partage déjà du vivant de son père tous les honneurs de sa haute position. Le duc de Bourgogne l'appelle *messire Jean de Montjoie, fils de notre amé et féal chambellan Lois de Montjoie, maréchal de N. S. père le pape* (1394), et en 1405 il était *conseiller et chambellan* de Louis d'Anjou, roi de Sicile. Pendant les séjours de son père à la cour d'Avignon et ses campagnes d'Italie, il eut en main l'administration des biens de sa maison. Le 8 août 1406, il vend la ville et le château de Beauverasse à Jean de Chalon, son cousin (1); mais son père les racheta deux ans après. Il fonde en 1408 son anniversaire dans l'abbaye de Lucelle, moyennant une rente annuelle de 4 livres 12 sols, 2 poules, assignée sur des biens à Hirsingen. Le 15 juin, il vend à Marguerite d'Iffenthal, veuve d'Herman de Landerberg, toute sa part des dîmes que les sires de Glère avaient eues autrefois à Grentzingen, Oberdorf, Waltigophen et Henflingen (Haut-Rhin). Ces dîmes étaient, comme nous l'avons dit, un fief tenu de l'évêque de Bâle. Elles furent vendues pour 40 marcs d'argent (2), dont Jean de Montjoie donna quittance en 1427 à Jean Thuringue d'Epting, époux de Vérène de Landerberg, fille d'Herman.

Ces ventes annoncent les grandes dépenses de la famille de Montjoie; elles étaient occasionnées par le haut rang qu'elle tenait à la cour des princes et par ses expéditions guerrières. Celles-ci nécessitaient de fréquentes absences pendant lesquelles leurs intérêts avaient besoin de protecteurs et de défenseurs dans la haute Bourgogne ; ils les trouvèrent dans les princes de la maison de Habsbourg, qui depuis longtemps aspiraient à l'exercice de ces fonctions officieuses. Louis de Montjoie et Jean, son fils, firent donc de la baronie un *fief oblat* (3) à l'empire et à lui réversible en

---

(1) Les Montjoie et les Chalon devinrent alliés par des mariages dans la maison des comtes de Genève.

(2) Le marc d'argent était alors l'équivalent de 9 francs 4 gros.

(3) Les *fiefs oblats* étaient volontairement offerts par le vassal au suzerain. Les *fiefs donnés*, au contraire, étaient concédés par le suzerain au vassal. Dans les uns et dans les autres, le suzerain avait la propriété du fief, et le vassal l'usufruit.

Les *fiefs oblats* étaient *masculins* ou *féminins*. Les premiers retournaient au suzerain après l'extinction de la lignée mâle du vassal, et les seconds après celle

cas d'extinction de leur postérité mâle. Par là, ils s'obligèrent aux foi et hommage envers les empereurs, en conservant l'usufruit de leurs terres et de leurs droits féodaux. En échange, les empereurs étaient tenus de protéger et de défendre ces vassaux. Pendant le cours du xiv° siècle, la maison d'Autriche travailla à attirer à elle les barons de Montjoie. Dès 1334, lorsque *Jeanne*, la dernière héritière du comté de Ferrette alliée aux Montjoie, eut porté les vastes domaines de son père Ulrich II à la maison d'Autriche, par son mariage avec Albert II, fils de l'empereur, ce prince et son épouse donnèrent à leurs parents de Glère, Jean et Guillaume, l'investiture de leurs terres pour *fils* et *filles*.

Cet acte de suzeraineté, dont la réalité est certaine, n'eut pas de suite, puisqu'on ne trouve aucune reprise de fief des Montjoie faite aux empereurs pendant le cours du xiv° siècle, et que Thiébaud VII, sire de Neuchatel-Bourgogne, faisait encore, comme nous l'avons dit, reconnaître sa domination sur le château de Montjoie en 1398. Tout ce qu'on peut supposer, c'est que la famille de Montjoie aura peut-être repris de fief du prince Albert d'Autriche quelques-unes de ses terres dans le Sundgaw allemand. Quoi qu'il en soit, on ne peut douter que la fusion de la famille des comtes de Ferrette dans la maison impériale d'Allemagne n'ait puissamment contribué à placer son alliée de Montjoie sous la suzeraineté des empereurs. C'est par la forteresse de Moron qu'ils commencèrent à établir leur autorité dans la vallée de Montjoie. En 1382, le jour de Pâques, Louis de Montjoie, maréchal du pape, donne une réversale (1) à Léopold d'Autriche, par laquelle il s'oblige à tenir constamment à sa disposition la forteresse de Moron, qu'il possède par engagement de Berthod de Glère, *son cousin*. Le jour de la fête de saint Jude 1404, Louis de Montjoie reçoit de Frédéric d'Autriche l'investiture de la même forteresse pour lui et ses héritiers mâles. Le dimanche avant la Saint-Jean 1412, par lettre donnée à Ensisheim, le même prince, tant en son nom qu'en celui de Léopold d'Autriche, son frère, investit Jean Ier de Montjoie et Louis de *Gliers son cousin*, pour eux et leurs héritiers, des châteaux suivants : 1° le fort de *Moron*

---

des femmes. La baronie de Montjoie fut d'abord un fief masculin seulement ; mais, par une grâce spéciale, elle devint, comme nous le verrons, un fief féminin.

(1) *Lettre réversale*, attestation par laquelle on déclarait que tel ou tel acte qu'on faisait ne portait aucun préjudice au droit d'un tiers.

avec le bourg et les dépendances, sujets, terres et juridictions, contrainte, eau et village qui en dépendent ; 2° *Heymersdorf* avec toutes ses dépendances, sujets, terres et villages ; 3° le quart des biens situés dans la juridiction d'*Hirsingen*, *Ruederbach*, avec toutes ses dépendances, droits en justice, sujets, forêts, pâturages, eaux, pêches, communaux, impôts sur le vin ; 4° la mairie de *Mittelmuspach*, *Nidermuspach*, *Odermuspach*, canton de Ferrette ; 5° les villages de *Recouvrance*, *Grône*, canton de Belfort, avec toutes les appartenances, hommes et terres comme ils leur reviennent de l'ancien temps ; 6° enfin la ferme de *Riespach* avec ses dépendances. Ces lettres d'investiture de Frédéric constituent encore les sires de Glère et de Montjoie féaux et vassaux de sa chère sœur, Catherine de Bourgogne, duchesse d'Autriche [1]. Tel est le premier titre qui constate la dépendance féodale de l'empire, au commencement du XVe siècle, d'une partie des possessions des seigneurs de Montjoie.

A la même époque, Jean de Montjoie était en discorde avec Thiébaud VIII de Neuchatel, soit ou qu'il ne voulût plus reconnaître la suzeraineté de celui-ci, ou soit qu'il s'opposât au retrait féodal des seigneuries de *Seigne* et de *Courtefontaine*, moyennant le remboursement de la somme pour laquelle son père Louis les avait achetées. Ce différend, dont on ignore la solution, fut soumis à la décision du duc de Savoie. Dès l'an 1425, le baron de Montjoie est associé à Jean de Fleckenstein, évêque de Bâle, et au comte de Thierstein, pour faire la guerre au même Thiébaud de Neuchatel. Voici à quelle occasion. Imier de Ramestein, prédécesseur de l'évêque Fleckenstein, avait engagé en 1388 à Thiébaud de Neuchatel les châteaux de *Saint-Ursanne*, *Spiégelbert* et de *Kallenberg* [2]. Ce seigneur, après les avoir possédés pendant

---

(1) Cette princesse, fille de Philippe le Hardi, était veuve de Léopold d'Autriche, frère de Frédéric. Son mari lui avait légué la jouissance pendant sa vie de tous ses biens dans le Sundgaw et la haute Alsace ; voilà pourquoi elle en fut établie co-suzeraine.

(2) *Spiégelbert* est le château de *Muriaux*. Il existait au-dessus d'une crête de rocher taillé à pic sur la rive droite du Doubs, non loin du village de Muriaux, dans l'ancien évêché de Bâle ; il y a encore en ce lieu un pan de muraille de dix-huit pieds de hauteur, qui est le débris d'une tour carrée, et les restes d'un bâtiment de soixante pieds de longueur sur vingt de largeur, dont l'entrée était taillée dans le roc. On voit l'entaille des poteaux de la porte.

Kallenberg est le château de Chauvilliers, sur le territoire de la commune d'Indevilliers. Cette place forte, avec le hameau et la petite seigneurie qu'elle protégeait,

trente-cinq ans, refusait de les rendre contre le remboursement de l'emprunt. Contraint d'en venir aux armes, le prélat, secondé par ses alliés, reconquit en peu de temps ses forteresses, entra dans les terres de Thiébaud, prit d'assaut la ville d'Héricourt, qu'il réduisit en cendres après l'avoir livrée au pillage: Thiébaud demanda la paix.

Jean de Montjoie et Thiébaud de Neuchatel sont à peine réconciliés qu'ils se liguent avec le sénat de Fribourg (1) contre les archiducs d'Autriche. Tels furent les barons au moyen âge. Hommes remuants et infatigables guerroyeurs, ils enfreignent facilement les lois de la dépendance féodale et des traités, et sont aussi prompts à se raccommoder qu'à se brouiller pour les causes les plus futiles. Celles qui déterminèrent la ligue dont nous parlons ne sont point parvenues à notre connaissance; elle fut funeste aux princes d'Autriche et aux seigneurs du Sundgaw qui tenaient leur parti. Jean de Montjoie et Thiébaud de Neuchatel entrèrent dans leurs terres à la tête de 2,500 hommes, brûlèrent Dannemarie et dix autres villages, massacrèrent les habitants, commirent le plus horrible ravage dans cette partie de l'Alsace, d'où ils amenèrent soixante notables bourgeois qu'ils entassèrent dans les cachots de la forteresse de Montjoie. En vain, Jean, comte de Thierstein, bailli de Ferrette, vient-il assiéger cette forteresse; en vain écrit-il (10 août 1428) à Antoine de

appartinrent à l'évêque de Bâle jusqu'à la révolution de 1789, quoique la souveraineté en eût été échangée avec le roi de France neuf ans auparavant. Le château de Chauvilliers ne remonte qu'au XIVe siècle. L'évêque de Bâle, Jean de Vienne, l'hypothéqua à son homonyme et parent le sire de Roulans, amiral de France, vers 1379. Son successeur Imier de Ramestein le dégagea pour l'hypothéquer d'abord à la ville de Bâle en 1384, puis à Thiébaud de Neuchatel en 1388. Celui-ci ne voulut pas s'en dessaisir contre le remboursement offert. L'évêque Jean de Fleckenstein, aidé des Bâlois, le reprit de force en 1425 et en confia la garde à Humbert, comte de la Roche, moyennant une somme de 675 florins. Les Bourguignons s'en emparèrent et l'incendièrent en 1475. Nicolas de Thuillières sollicita en 1529 de l'évêque Philippe de Gundelsheim l'investiture de la terre de Chauvilliers, à charge de reconstruire le château. Cette demande n'aboutit pas. *Thomas Surgant*, prévôt de Saint-Ursanne, reçut en fief de l'évêché cette seigneurie en 1561, et ne releva pas, contrairement à son engagement, la forteresse. *Guillaume Bairet*, bailli à Saint-Ursanne, le reçut en fief en 1567, son fils *Léonard* en 1607; *Adam, Pierre* et *Jean-Jacques*, fils de ce dernier, le reprirent de fief à leur tour en 1611, et après leur mort, il retourna à la mense capitulaire.

(1) Dans l'acte de confédération signé le 20 mai 1428, le sénat de Fribourg qualifie le baron de Montjoie de *noble et puissant seigneur, son chier sire et bon amy.*

Toulongeon, maréchal de Bourgogne, pour le sommer, au nom de l'amitié que son maître porte aux princes d'Autriche, de mander au bailli d'Amont de venir l'aider, avec vingt ou trente hommes, à poursuivre ce siége: toutes ces tentatives restèrent sans résultat, Montjoie ne put être forcé! Faible encore et peu redoutée de ses voisins et même de ses vassaux, la maison d'Autriche fut réduite à dépêcher des envoyés des cantons suisses de Bâle, Berne et Soleure, pour satisfaire les confédérés et les apaiser.

Jean de Montjoie testa le 14 février 1419 et mourut avant le 18 juillet 1438, sans laisser d'héritiers mâles pour lui succéder. En lui s'éteignit par conséquent l'antique maison de Glère, dont, au dire de Schœpflin, il n'est plus question dans les chartes depuis 1414. En vain tous les généalogistes, sous le prétexte que *Vaultrin* et *Jean-Louis de Thuillières* sont nommés dans son testament, avancent-ils qu'ils étaient ses fils... C'est une grossière erreur: Jean-Louis de Thuillières, époux de Guillemette de Montjoie, fille de Louis de Montjoie [1], était son neveu par alliance, et fut établi héritier de ses biens dont il donna l'usufruit à sa veuve Jeanne de Villersexel. Ce fait est démontré de la manière la plus certaine 1° par la cession que la veuve de Jean de Montjoie fait à Jean-Louis de Thuillières, *son neveu*, de tous les droits qu'elle avait sur les château et bourg de Montjoie, par suite du testament de son mari et de son contrat de mariage, moyennant une rente annuelle de 50 florins d'or, 6 bichots de froment, 10 livres de cire, 30 gelines et 12 glanes de poisson [2]; 2° par le rachat effectué le 28 septembre 1447 par Jean-Louis de Thuillières d'une rente annuelle de 120 florins d'or assignée sur les dîmes d'Hirsingen par *feu son oncle Jean de Montjoie*, vendue à réméré à Guillaume de Massevaux. De pareilles preuves sont sans réplique. Aussi verrons-nous un évêque de Bâle revendiquer pour son église, en 1474, la propriété des fiefs concédés par ses prédécesseurs aux barons de Montjoie, *parce qu'ils n'ont laissé d'hoirs mâles de leurs armes, ni de leur nom, ni de leur famille.*

(1) D'après le nobiliaire manuscrit de l'insigne église Saint-Pierre de Remiremont (1751), Jean-Louis de Thuillières n'a pu être le neveu de Jean de Montjoie qu'en épousant la fille d'un de ses frères ou d'une de ses sœurs; peu importe son nom, du reste. Cette Guillemette, ou toute autre nièce de Jean de Montjoie, n'a pas été connue des historiens.

(2) Cette cession est du 18 juillet 1438. Le florin avait alors une valeur de 15 sols actuels.

Jean-Louis de Thuillières a donc relevé le nom et les armes des Montjoie, est devenu la souche de la maison moderne de ce nom, dite *Thuillières de Montjoie*, et a remplacé le nom de *Glère* par celui de *Thuillières*. C'est sans doute ce que Schœpflin a voulu indiquer en disant que Jean-Louis de Thuillières *reçut* Jean de *Gliers* (1). La famille de Thuillières, l'une des premières de l'ancienne chevalerie de la Lorraine, alliée aux Montureux-sur-Saône et aux autres maisons de la première noblesse de cette province, avait pris son nom du village de Thuillières, chef-lieu d'une seigneurie de ce nom dans le canton de Vittel, arrondissement de Mirecourt, département des Vosges. Depuis son alliance avec les Montjoie, Jean-Louis de Thuillières écartela à la clef d'or tournée du côté sénestre et aux neuf billettes de même métal qui leur appartenaient. Les autres branches de sa famille restées en Lorraine les ont conservées avec les diverses écartelures indicatives de leurs alliances. Jean-Louis de Thuillières était le fils aîné de Guillaume de Thuillières et de Jeanne de Montureux-sur-Saône, fille de Didier de Montureux et d'Eve de Pudligny; il portait le titre de *sire de Hardemont*, château existant dans l'ancienne préfecture de Remiremont. Cette forteresse était située au milieu d'un petit plateau marécageux, sur le flanc d'une montagne voisine de la ville de Bains, arrondissement d'Epinal, et servait de lieu de retraite et d'asile aux habitants de la contrée pendant les guerres du moyen âge.

Vaultrin, frère cadet de Jean-Louis de Thuillières, était avec lui co-seigneur de Hardemont. Si ce seigneur se confédéra, en 1435, avec d'autres nobles pour le maintien de la paix publique, il n'en fut rien moins que le partisan. Aussi voit-on la noblesse de la Lorraine se réunir, en 1438, afin d'assiéger Montureux-sur-Saône et Thuillières, pour punir Vaultrin et le bâtard de Thuillières des ravages qu'ils ont faits dans la contrée. Cela n'empêche pas Vaultrin d'attaquer le comte de Vaudemont et de s'emparer du château d'Haroué à l'aide de Guillaume de Dammartin, qui y était détenu. L'année suivante, le château de Hardemont est assiégé, et le sort des armes fait tomber Conrad Bayer-Bappard, évêque de Metz, entre les mains de ces deux guerroyeurs.

---

(1) *Excepit Joannem de Gliers.* V° Froberg, *Alsatia illustrata.* C'est par erreur que Schœpflin a écrit *Joseph-Louis*.

Peu après, Vaultrin apporte la guerre dans le comté de Montbéliard, à laquelle met fin un traité conclu avec la comtesse Henriette en 1442. En 1443, aidé du bâtard de Vergy, il attaque le seigneur de Commercy, et ils continuent à guerroyer avec l'évêque de Metz jusqu'en 1460. Alors le prélat, à la tête de ses troupes et d'un corps de soldats lorrains, vint assiéger Thuillières, et, quoique faiblement secondé par ces auxiliaires, il prit d'assaut cette forteresse et la rasa. Vaultrin avait été marié à Hedwige d'Haussonville, sénéchal de Lorraine, dont il n'eut pas de lignée.

Son frère Jean-Louis, de son côté, ne déployait pas en Bourgogne, pendant ce temps-là, moins d'ardeur guerrière; il tint le parti de son parent Louis de Chalon dans ses différends avec Philippe le Bon. A la bataille livrée le 11 juin 1430, entre Anthon et Colombier, il fut fait prisonnier avec d'autres seigneurs; Louis de Chalon paya cent mille écus pour leur rançon. Peu après, le baron de Montjoie, refusant de faire hommage et de rendre le devoir de fief aux princes d'Autriche, s'associe avec Jean de Fribourg et le comte de Neuchatel pour leur faire la guerre. Avant d'ouvrir la carrière des combats, il fait un accord avec Louis de Chalon en 1438 et prend en fief du duc de Savoie un revenu de 500 florins; il guerroie pendant deux ans. Mais le sort des armes se déclare contre lui, et les archiducs s'emparent de ses terres et de ses forteresses. Le vaincu fait ses soumissions, et le duc Frédéric mande à Guillaume de Hoppech, marquis et seigneur de Roesein et de Succembourg, son bailli et gouverneur de Ferrette, de rendre au baron de Montjoie, tant comme *héritier de Jean I*^{er} que comme son vassal, les seigneuries de Montjoie et Moron avec leurs appartenances et rièrefiefs en hommes, femmes, justice haute et basse, sans en rien excepter, sur lesquelles il avait ouvert la commise par suite des guerres que Jean-Louis et ses complices lui avaient faites précédemment.

Sur ces entrefaites, l'archiduc Ferri (Frédéric) vint à mourir. Néanmoins, le 28 novembre 1439, le marquis de Roesein, en présence de Jean de Montreulx, chevalier, Pétreman de Morimont, écuyer trésorier, Jean de la Maison, messire Hugues Brias, chanoine de Belfort, et autres membres du comité administratif, donna, à Massevaux, à Jean-Louis de Montjoie l'investiture tant pour *mâles que pour femelles, fils et filles, conformément aux lettres du duc Albert et de Jeanne de Ferrette, son épouse, de l'an* 1334, *des* fiefs de *Ferrette et de la Roche de Belfort*, *comme ses prédécesseurs les avaient eus et tenus*, sans que l'omission d'aucun objet pût préjudicier au seigneur de Montjoie. Au détail énuméré dans l'investiture de 1412, cette nouvelle lettre ajoute les forteresses de *Montjoie, Gliers*, des pièces de terre au territoire de *Chèvremont*, les villages de *Perouse, Besoncourt, Charmoille* près *Froidefontaine*, dépendances de la seigneurie de Belfort [1]. Jean-Louis de Montjoie s'obligea par serment prêté entre les mains du bailli de Roeseln, d'être obéissant aux ducs d'Autriche, à leurs successeurs ou à leur commandement, comme à son prince, tant pour les maisons de Montjoie que pour les autres fiefs leur appartenant ou qui leur adviendraient.

Le 19 novembre 1440, les bailli et administrateurs de la seigneurie de Ferrette, conformément aux ordres que l'archiduc Frédéric leur avait donnés avant sa mort, rédigèrent les articles des paix et accord faits avec messire Jean-Louis de Montjoie. Dans cet écrit, ce seigneur demande pardon pour lui et ses complices des dommages qu'il a faits à la maison d'Autriche, et le bailli de son côté déclare qu'il lui a rendu franchement les forts de *Montjoie, Moron* et *Eméricourt*, etc., etc., comme en ont joui précédemment les seigneurs et dames de Montjoie, et même *messire Jean dernièrement trépassé*. Le baron de Montjoie s'oblige ensuite à être *homme vrai et féaul* de la seigneurie de Ferrette, de servir les princes d'Autriche en toutes manières que les servent les barons et seigneurs du pays de Ferrette; que dans toutes les discussions qu'il aurait avec des seigneurs ou sujets de ladite seigneurie, il prendrait l'avis et le conseil des bailli et administrateurs de ce comté, et se conformerait à leurs prescriptions; enfin que si le duc d'Autriche le mandait pour faire la guerre aux Vénitiens, en ses pays détachés, il s'y rendrait sur-le-champ, avec vingt hommes d'armes devant servir à ses propres dépens pendant un mois lui et ses gens, et, passé ce terme, aux frais du duc s'il retenait son vassal à son service [2].

L'investiture de 1439 et le traité de paix de l'année suivante révèlent dans Jean-Louis de Montjoie un grand esprit d'indépendance, des dispositions peu favorables pour la maison d'Autriche,

---

[1] Voir le texte de cette investiture aux Pièces justificatives, n° 3. Nous ne donnerons pas celui des autres investitures, qui ne sont que la répétition de celle-ci.

[2] Voir aux Pièces justificatives le n° 4.

qui ne ménagea aucun moyen pour l'attacher à son service. On voit aussi que les forteresses de Glère et de Montjoie avec leurs dépendances ne passèrent sous la suzeraineté des princes autrichiens que de 1412 à 1439, non-seulement comme fiefs masculins, mais encore comme féminins, ce qui fut un grand avantage pour la famille de Montjoie. C'est sans nul doute à l'époque de la réunion définitive de cette baronie à l'empire d'Allemagne, c'est-à-dire quelques années avant le milieu du XVe siècle, qu'il faut rapporter la ligne de séparation du Sundgaw avec le comté de Bourgogne. Elle consistait dans un fossé semblable à celui dit le *Landgraben*, entre Colmar et Schélestadt, pour délimiter la haute et la basse Alsace. Ce fossé, dont on voit encore les vestiges à la limite du territoire d'Indevillers et de celui des villages bourguignons des Plains-Grands-Essarts et Courtefontaine, traversait en ligne directe le plateau dans toute sa largeur, et correspondait avec la plus grande précision à la grosse pierre borne qui existe encore sur la rive gauche du Doubs, à moins de deux kilomètres plus bas que la forteresse, dans la vallée de Montjoie (1). Celle-ci se peuplait lentement, car vers le milieu du XVe siècle (1447), Jean-Louis de Thuillières-Montjoie se plaint amèrement à Frédéric Zé-Rhein, évêque de Bâle, de ce qu'il reçoit sur ses terres des habitants qui désertent les siennes. Un grave différend s'était élevé entre eux à ce sujet, mais une transaction le termina. Le baron de Montjoie consentit que ses sujets des deux sexes s'établissent sans nul empêchement dans la principauté de Bâle. Nous avons dit comment il racheta la rente de 120 florins vendue par *feu son oncle Jean de Montjoie* à Guillaume de Massevaux; il la revendit pour le même prix à Henri Varnoy, bailli de Rochedor, du consentement de l'évêque de Bâle. L'année suivante (1448), Jean de Saint-Priest de Montfaucon ravagea les terres de Montjoie; mais le baron Jean-Louis le fit prisonnier et le remit en liberté après que Guillaume de Tournon et de Beauchâtel, Guy et Léonard de Saint-Priest et de Saint-Chamon, se furent portés cautions pour lui (8 juin).

Nos généalogistes donnent pour épouse à Jean-Louis de Thuillières, baron de Montjoie, les uns *Isabelle de Thuillières*,

---

(1) Il suffit d'avoir vu les restes de ce fossé, dans l'enclos dit des *Terreaux*, pour être convaincu qu'il n'a pu servir d'enceinte ni à un camp ni à une forteresse.

les autres une *Isabelle de Tilleux* (1). Pour nous, nous pensons, avec le généalogiste de Remiremont, qu'il épousa Guillemette de Montjoie ou, en tout cas, une nièce de *Jean Ier de Montjoie*. Nous ne reviendrons pas sur les preuves irréfragables de notre opinion. Il eut cinq enfants, trois garçons et deux filles : *Diétrich* (2), *Etienne*, marié à N..., et *Guillaume*, mort sans alliance. Une des filles épousa Jacques de Blamont en Lorraine. Après avoir testé le 24 septembre 1452, il mourut en 1454, au mois de décembre. Le 12 juillet 1451, il avait assisté au contrat de mariage de son fils Diétrich avec Marie, fille d'Arberg, sire de Valengin, et lui avait donné les seigneuries de Montjoie, Glère et Moron. Jean d'Arberg, de son côté, donna à sa fille 4,400 florins du Rhin (3) assignés sur la seigneurie de Valengin, avec 10 % d'intérêt pour les paiements non effectués, selon la coutume usitée entre les nobles au comté de Bourgogne. Il s'engagea à habiller sa fille bien et honnêtement, tandis que l'époux devait l'*enjoailler* selon son état et chevance, et lui assigner, s'il y avait lieu, 400 florins du Rhin sur la terre de Montjoie.

Aussitôt après la mort de son père, Didier Ier (4) de Montjoie reçut l'investiture de l'archiduc Albert II, qui la donna tant pour lui que pour son frère le roi des Romains et leur cousin Sigismond. Elle comprit les fiefs dépendants du comté de Ferrette et de la seigneurie de Belfort, avec cette clause, que *par une grâce spéciale* ils seraient possédés même par *les filles*. Didier de Montjoie s'obligea par cette lettre à tenir en tout temps ses forteresses ouvertes pour les princes d'Autriche, de les y laisser séjourner et en sortir à leur volonté, mais sans supporter aucune dépense. Il s'engagea encore à suivre ses suzerains, après réquisition, avec trente cavaliers, appelés en allemand *Glénien*, à 80 lieues à l'entour, mais à leurs frais et dépens, contre tous, à l'exception des ducs de Bourgogne, de Lorraine, des comtes de Va-

---

(1) *Tilleux*, hameau de la commune de *Certilleux*, canton de *Neuchâteau* (Vosges). Cette Isabelle *de Thuillières* ou *de Tilleux* aurait-elle été la nièce de Jean de Montjoie ? Nous l'ignorons.

(2) *Diétrich*, nom allemand qui veut dire en français *Didier* et *Thierri*.

(3) Le florin du Rhin valait au xve siècle 85 centimes de la monnaie actuelle.

(4) Le bénédictin Bucelin a commencé la généalogie des Thuillières-Montjoie par *Diétrich* ou Didier. Le sceau de ce seigneur, appendu à un acte de vente à Granvillars, en 1448, a pour timbre un chien couché sur la partie dextre de l'écu, et pour support un autre chien au côté sénestre.

lengin, de Neuchatel en Suisse, de Thiébaud de Neuchatel-Bourgogne et de ses fils, enfin de ses propres parents.

Après avoir guerroyé pendant quelque temps avec Georges de Baden, évêque de Metz, nous ne savons à quel sujet, Didier de Montjoie porta secours à Albrecht, duc de Bavière, évêque de Strasbourg, qui revendiquait les biens de son Eglise contre les bourgeois de cette ville et avait de graves difficultés avec le duc de Savoie. Elles étaient occasionnées par les plaintes de quelques marchands savoyards, qui avaient été dépouillés à leur retour de la foire de Strasbourg, tandis que, d'un autre côté, des Strasbourgeois avaient été volés en s'en revenant de celle de Genève.

L'accroissement de la population marchait bien lentement dans les montagnes de Montjoie et de l'évêché de Bâle, puisque Didier de Montjoie (1457) renouvela avec Roiberg, évêque de Bâle, la convention faite entre son père et le prédécesseur de ce prélat dix ans auparavant. Le 17 juin 1462, il reçoit l'hommage de *Jacques Hennequin de Rambervaux*, écuyer, pour tous ses biens situés à Bremoncourt; *monsieur Amez*, fils d'Etienne de Thuillières, et Jean bâtard de Thuillières, châtelain de Montjoie, furent témoins de cet acte. Jusqu'alors on ne voit pas que les serfs de la baronie de ce nom aient possédé aucune propriété, mais les acensements de terrains commencèrent à y créer des propriétaires un peu après le milieu du xv° siècle. En 1462, aux fêtes de la Pentecôte, Didier acensa à un Simon Frézard, de Cerniévillers, la quatrième partie de la *Joux* dite *la Malnuit*, avec réserve de toute justice, la chasse, les épaves, la dîme à la dixième gerbe, d'un cens de deux bons florins d'or à la valeur de 23 sols bâlois et 4 deniers pour chaque florin, *et un bon gros fromage de douze livres, payables et livrables à chacune Saint-Martin d'hiver*, d'une rente de deux gros chapons ou de trois sols bâlois pour chaque maison qu'on construirait en ce lieu, des lods à un sol bâlois par 10, et enfin le consentement du seigneur pour l'aliénation des terres en ladite Joux : telle est l'origine du hameau dit les *Bois de Montjoie*. Un quart de la même Joux fut acensé, le 11 mars 1468, à un *Roberty de Présallay*, à des conditions semblables à celles exprimées dans les acensements du *Plain* dit le Champ-du-Doubs, et des bois d'Indevillers en 1485 et 1505. Il n'y eut d'affranchissements réels dans la seigneurie de Montjoie qu'au milieu du xvi° siècle: celui du *meix Pahon*, en 1555, est le premier qui soit connu.

Le 14 décembre 1474, Jean de Venningen, évêque de Bâle, écrit à Didier de Thuillières qu'il retient des biens et des cens qui relèvent des propriétés de l'Eglise de Bâle ; que lui Didier n'en jouit ni à titre héréditaire ni à titre de possession légitime, puisque les sires de Montjoie, en leur qualité de vassaux-nés de l'Eglise de Bâle, ont possédé ces biens à titre de *fief mâle*, et qu'étant morts sans laisser d'héritiers mâles de leurs armes, de leur nom ni de leur famille, ces biens sont revenus à l'évêché de Bâle. En conséquence, le prélat invite Didier à laisser rentrer son Eglise dans la possession de ces biens ; faute de quoi, il se verra obligé d'aviser aux moyens de sauvegarder ses droits. Les biens dont il est ici question sont les bois situés sous la ville des Pommerats, appartenant au fief castral de Porrentruy, une partie des champs et prés tenus par les habitants des Pommerats, le quart des dîmes de Bisel, de celles de Friessen, d'Hirsingen, de Grentzingen (Haut-Rhin), et un *chésal* dans la ville de Porrentruy. Didier ne défera pas à l'invitation de son suzerain, puisque son fils Etienne fut traduit, le 11 juillet 1491, devant l'officialité de Bâle, pour la même cause, qui occasionna de nouveaux débats entre Jean-Nicolas et Jean-Louis de Thuillières, autres fils de Didier, et l'évêque Zé-Rhein, en 1496. Une transaction y mit fin le 27 octobre de cette année. Les Montjoie avaient négligé le devoir de fief envers l'archiduc Sigismond, puisque ce prince fit *mainmise* sur leur seigneurie en 1476 et la donna à Jean, comte d'Eberstein. Cette donation, comme nous le verrons, fut rapportée dans la suite.

Didier Ier de Montjoie était mort avant 1491, laissant trois fils et deux filles. Les premiers portèrent les noms d'*Etienne*, écuyer (1), de *Jean-Louis*, seigneur de Montjoie et Hardemont, à qui le duc de Lorraine Réné donna la tour de Valfroicourt, et de *Jean-Nicolas*. Les filles s'appelaient *Caroline* et *Jacobée*. Caroline de Thuillières, fille de feu Didier, jadis sire de Montjoie et de Heymersdorf, femme de noble Guillaume de Maigly, sire dudit lieu et de Chargey, cède du consentement de son mari à ses frères Nicolas et Jean-Louis de Thuillières, pour eux et les enfants de feu leur frère Etienne, tout son droit, part et partage dans les

---

(1) Le sceau d'Etienne de Montjoie, en cire verte, pendant à un acte de 1482, présente l'écu de sa famille, timbré d'un casque.

biens de ses père et mère, Didier de Thuillières et Marie d'Arberg, moyennant une somme de 1,000 francs, qui lui sont comptés (20 mai 1494). Sa sœur Jacobée de Thuillières vend à son tour (5 mai 1505) à son frère Nicolas tous les biens meubles et immeubles qui lui sont échus de la succession paternelle et maternelle dans les seigneuries de Montjoie, Moron et Heymersdorf.

La maison de Montjoie acquit plusieurs vassaux pendant la dernière moitié du xv° siècle : les Vandeloncourt (1481); les Déchaux (1480); les Desbois (1483); enfin les Tavannes (1487).

Etienne et Nicolas de Thuillières-Montjoie furent la tige de deux branches de leur maison qui prirent les noms d'*Heymerstorf* et de *Froberg*, ou simplement de Montjoie : nous les ferons connaître successivement.

CHAPITRE IV.

Branche des Thuillières-Montjoie d'Heymerstorf. — Son origine. — Les barons Nicolas Ier, Philippe, Nicolas II, Jean-Claude, Jean-Georges, François-Paris. — Extinction de cette branche vers 1686. — Branche de Froberg ou de Montjoie. — Etienne, Marc, Jean, Jean-Simon, Jean-Georges le Jeune, barons de Froberg. — Claudine de Montjoie, morte en odeur de sainteté. — Destruction du château et du bourg de Montjoie. — Misère et renouvellement de la population. — Suites de la guerre de dix ans. — Entreprises contre l'autorité seigneuriale. — Etat de l'industrie dans le val de Montjoie au xvie et au xviie siècles.

La branche des Montjoie dite d'Heymerstorf n'a pas subsisté deux siècles ; nous rappellerons ce qui la concerne avant de parler de celle de Froberg, dont les descendants subsistent encore de nos jours.

Jean-Nicolas, Ier du nom, baron de Montjoie, fils de Didier, a commencé la branche de sa maison dite d'Heymerstorf ; il vivait déjà en 1474, époque où il est mentionné dans des titres. Ce seigneur apporta un soin tout particulier à l'administration de ses domaines. Il parvint à faire rapporter la mainmise que l'archiduc Sigismond avait faite sur les terres de Montjoie. La donation que ce prince en avait faite au comte d'Eberstein fut annulée, et une nouvelle investiture donnée à Nicolas de Montjoie, le mercredi après la fête de sainte Agnès de l'an 1500. On voit par cet acte que les villages de Pérouse, Besoncourt, Banvillers et autres de la seigneurie de Belfort, avaient été remis en sous-fiefs à d'autres maisons nobles par les barons de Montjoie. Le 10 septembre 1520, l'empereur Charles V renouvela cette investiture non-seulement pour Nicolas, mais encore pour ses co-vassaux. Ce seigneur fut moins heureux dans ses sollicitations du fief de Chauvilliers ; il ne put l'obtenir de Philippe de Gundelsheim, évêque de Bâle. Les acensements le servirent mieux pour faire prospérer ses affaires. Dès 1508, il donne en acensement le canton du Sappois, dit maintenant *Labrechatte,* au cens annuel de 8 sols à chaque Saint-Martin d'hiver, et moyennant les corvées, la dîme à la dixième gerbe, les lods, les ventes à 10 sols l'un. Trois ans plus tard, de concert avec Marc de Montjoie, son neveu, il acense les montagnes de Glère et de Fuesse moyennant 20 florins d'or, 4 deniers bâlois pour chaque faulx de pré, 20 livres de fromage et la dîme à la dixième gerbe sur les terres à défricher.

Nicolas Ier de Montjoie épousa, en 1500, Toinette Radegonde, dernier rejeton de la maison de Mercenette, selon les uns, et plus probablement, d'après d'autres généalogistes, Radegonde d'Oiselay. Trois enfants sortirent de cette alliance, à savoir deux filles : *Catherine*, mariée à Huguenin de Saint-Mauris en Montagne; *Marie*, épouse de Claude de Franquemont (déjà veuve, elle testa en 1523), et un fils appelé *Philippe*. Nicolas de Montjoie fit partie de la confrérie de Saint-Georges de Rougemont dès 1504 jusqu'en 1537, époque de sa mort. Son fils Philippe épousa en 1530 Marie, baronne de Hattstat, qui, selon certains historiens, lui apporta en dot le château de Hoën-Eguisheim, berceau du pape Léon IX, et les villages en dépendant. Deux fils naquirent de ce mariage, *Frédéric* et *Nicolas*. Ils reçurent en 1552, avec leur cousin Jean II de Froberg, l'investiture des fiefs de l'évêque de Bâle.

Nicolas IIe du nom amodia, en 1554, tant pour lui que pour Népomucène, fils d'Etienne de Thuillières, son cousin, à Idas-Humbert Frézard le quart de la terre de la Malnuit. Il épousa en premières noces Jeanne Dutartre en 1553, et en deuxièmes noces Jeanne, comtesse de Mailly, qui ne lui donna point d'enfants. Mais de sa première épouse il eut trois fils : *Ferdinand-Georges*, marié à Jeanne-Catherine de Rheinac; *Eustache*, lieutenant général des armées de France, et *Jean-Claude*, qui lui succéda. Nicolas de Montjoie mourut le 10 décembre 1566, et fut inhumé dans la chapelle des Montjoie à Hirsingen, où est encore sa tombe [1]. Jean-Claude, son fils, gouverneur des châteaux et villes de Delle et de Belfort, membre de la confrérie de Saint-Georges, reçut avec ses cousins, le 7 décembre 1573 et le 8 août 1579, l'investiture des fiefs de l'église de Bâle, et s'associa avec eux pour soutenir les droits de leur famille sur les dîmes du vil-

---

[1] Voici l'épitaphe qu'on lit sur cette pierre tumulaire : *L'an 1566, le x décembre, alla de vie à trespas messire Nicolas..., baro... de Montjoie, à qui Dieu pardoine.*

lage de Fahi. Les princes de la maison d'Autriche renouvelèrent aussi à ces seigneurs l'inféodation de leurs terres avec réversibilité aux femmes, en 1587 et 1598. Jean-Claude de Montjoie épousa en 1586 Anne-Éléonore de Velsperg et Primor, qui lui donna seize enfants, parmi lesquels on distingue *Érard*, chanoine de Constance ; *Eusèbe*, grand-doyen du haut chapitre de Salzbourg et chanoine d'Augsbourg ; *Georges*, baron de Montjoie, et *Jean-Georges* dit *le Vieux*, qui continua la lignée. Leur père mourut vers 1610. Jean-Georges dit le Vieux, qui du côté de sa mère porta le titre de baron de Velsperg et Primor, était bailli des seigneuries de Delle et de Belfort. Honoré de la charge de camérier de l'archevêque de Salzbourg, il fut encore gouverneur de Raschembourg. De concert avec sa mère et son oncle Georges de Thuillières, comme tuteur des enfants de Jean-Simon de Montjoie, il soutint le procès intenté à sa maison à l'occasion des dîmes de Fahi. Le plus ancien membre de la famille de Montjoie recevait ou requérait l'investiture de ses fiefs tant en son nom qu'en celui de ses parents co-vassaux, à chaque changement de suzerain ou à la mort de celui *qui portait le fief* auparavant. Aussi le baron Jean-Georges reçut-il pour lui et ses co-vassaux l'investiture des fiefs dépendant de l'Église de Bâle, de l'évêque Rhine de Baldenstein (1614), d'Henri d'Ostein (1620), et après la mort de ce dernier, il la requit de son successeur. L'empereur Maximilien, de son côté, lui avait donné en 1614 et 1623 l'investiture des terres impériales tenues par la famille de Montjoie. Jean-Georges intervint avec son frère et ses parents dans l'accord fait le 8 novembre 1623 entre l'évêque de Bâle et le prévôt de Saint-Ursanne pour la délimitation de leurs seigneuries respectives dans le *clos du Doubs* [1]. Le baron Jean-Georges épousa en premières noces une comtesse de Rechberg [2], et en deuxièmes Jacobée, comtesse de Kiembourg, nièce de l'évêque de Kiamsée, dont il eut deux fils, *François-Paris* et *François-Joseph*, et trois filles, *Françoise-Henriette*, dame sonrière de Remiremont [3] ; *Joséphine*, épouse de

---

(1) On appelle *clos du Doubs* le territoire renfermé dans le circuit de cette rivière depuis sa partie supérieure à Saint-Ursanne jusqu'à Bremoncourt.

(2) Elle était de la même famille que le ministre actuel des affaires étrangères de l'empire d'Autriche.

(3) *Sonrière*, dignité à laquelle était attachée l'administration et la recette des droits seigneuriaux.

son cousin Didier II, de la branche de Froberg, et *Marie-Anne*, mariée au comte de Monckenthall, grand-maréchal du duc de Bavière. Jean-Georges de Thuillières mourut avant le 1er décembre 1648. Son fils François-Joseph vécut très peu de temps. Son frère François-Paris et ses parents reprirent de fief successivement des évêques de Bâle Béat-Albert de Ramestein, Jean-François de Schoeneau en 1649 et 1652, et Jean-Conrad de Roggenbach en 1657. François-Paris de Montjoie épousa en 1680 sa cousine Jeanne-Ursule, de la branche de Froberg, dont il n'eut point d'enfants, et mourut lui-même avant 1686. Par là, la branche de Montjoie dite de Heymerstorf se trouva éteinte. L'histoire n'a conservé, en quelque sorte, que le souvenir des seigneurs qui la formèrent et des hautes alliances qu'ils contractèrent. Nous allons voir non moins d'illustration dans la branche de Froberg, dont les seigneurs ont une biographie mieux connue et plus intéressante.

Etienne de Thuillières, sire de Moron, frère de Nicolas, fut le chef de la branche de Froberg, c'est-à-dire de Montjoie sans addition. Il conclut, le 6 avril 1506, un traité avec Jean-Louis de Chalon, son cousin, chargé, pour Marie de Bourgogne, du gouvernement de la Franche-Comté au nom du roi de France Louis XI. Selon toutes probabilités, l'objet de cette convention fut de mettre le baron de Montjoie dans le parti français ; mais il s'en détacha bientôt avec la noblesse comtoise. Il épousa en 1500 Catherine d'Haraucourt, et mourut au plus tard vers 1540, laissant deux fils, *Népomucène* et *Marc*. Celui-ci, baron de Montjoie, Moron, Heymersdorf, se maria en 1532 avec Jeanne de Montmartin, dont il eut quatre enfants : *Claudine*, mariée en premières noces à Georges d'Asuël, et en deuxièmes à Guillaume de Grammont, sire de Vezet, décédée avant 1571 ; *Didier*, époux de Guillemette de Viry, morts tous les deux sans postérité, de 1580 à 1587, inhumés dans la chapelle de Montjoie, où l'on voit encore leur tombe ; *Théodore*, selon quelques généalogistes, mais qui paraît avoir été le même personnage que Didier, et enfin *Jean II*e du nom, baron de Montjoie, Moron, Grône, Heymersdorf. Son père n'existait plus en 1551, car, le 4 février 1552, il reçut avec ses cousins fils de Nicolas Ier, de l'évêque de Bâle Philippe de Gundelsheim, l'investiture des fiefs d'Hirsingen, Heymersdorf, Bisel, Seppois, Freissen, Grentzingen, Oberdorf, Niderdof, Valtigophen,

Henflingen, et un *chésal* à Porrentruy. Jeanne de Montmartin vivait encore en 1571, puisque Melchior de Liechtenfelds, évêque de Bâle, ratifia la donation qu'elle fit à Antoine de Grammont, son cousin, sire de Gisans, de la dîme de Fahi et d'autres biens dont elle avait hérité de sa fille Claudine (11 juin 1571). Le 15 novembre suivant, le même prélat renouvela l'investiture aux barons de Montjoie, ce que fit de son côté l'archiduc Ferdinand en 1572, pour les terres et fiefs qu'ils tenaient de l'empire et dont ils firent l'aveu et le dénombrement. Ces seigneurs étaient alors gênés dans leurs finances, car ils engagèrent à Jacques *Respinger*, bourgeois de Bâle, le quart des dîmes de la paroisse de Grentzingen pour 140 marcs d'argent.

Jean II de Montjoie s'allia en 1569 à Perronne, fille du comte Michel de Viry, et de Pauline, comtesse de Vergy, fille de Guillaume IV de Vergy, comte de Champlitte, et d'Anne de Rochechouart. Pauline de Vergy mourut le 10 janvier 1575, au château de Montjoie, chez son gendre, qui trépassa lui-même dans le cours de l'année 1578, puisque le 7 décembre de cette année l'évêque Liechtenfelds donna l'investiture à deux des fils de Jean II, Michel et Siméon, ainsi qu'à leur oncle Didier. Le 25 août de l'année suivante, Jacques-Christophe Blazer, nouvel évêque de Bâle, renouvela l'investiture aux mêmes personnages, mais sous la réserve expresse que les dîmes engagées par leur père, et que Didier refusait de dégager, fussent assurées et ne risquassent pas de se perdre au préjudice de l'Eglise de Bâle.

Avec *Michel* et *Siméon*, Jean II de Montjoie laissa encore un fils appelé *Jean-Simon*, et deux filles, *Jeanne*, et *Claudine* qui mourut en odeur de sainteté. Les abondantes aumônes de Claudine sont devenues l'objet d'une pieuse légende qui s'est transmise jusqu'à nos jours. Cette charitable fille était la providence vivante des pauvres de la contrée ; ils accouraient en foule aux portes du château, et plus d'une fois la maison seigneuriale se trouva sans provisions alimentaires. Sa générosité inépuisable attire d'abord à Claudine des représentations douces et tendres, bientôt suivies de réprimandes sévères de la part de ses parents. Elles ne font point tarir sa charité. Certain jour, le baron rencontre sa fille qui descendait au bourg : elle portait aux pauvres des morceaux de pain dans son tablier. Son père, qui soupçonne quelque charitable larcin, veut voir ce qu'il contient ; mais, ô merveille ! aussitôt que la fille déploie son tablier, un tas de belles roses s'offre aux regards du père étonné ! Il reconnaît l'approbation manifeste du Ciel aux aumônes de sa fille, et ne met plus d'entraves aux bienfaits de sa charité. Claudine mourut en odeur de sainteté et fut inhumée dans la chapelle de Montjoie. Son corps, dont les chairs sont conservées sans corruption, repose dans une châsse placée dans la muraille, à droite de la nef. On voit aussi dans cette chapelle un tableau peint à l'huile représentant sainte Claudine avec une rose à la main gauche, et donnant de la droite un morceau de pain à une vieille femme accompagnée d'un petit enfant. Ce monument confirme la vérité de la légende, non moins que la sainteté de Claudine, dont les restes mortels sont visités depuis bientôt trois cents ans par de nombreux pèlerins. Ainsi Claudine de Montjoie vérifie-t-elle cette parole du prophète : « Le juste » qui compatit aux malheureux et les soulage dans leurs besoins » vivra éternellement dans le souvenir des hommes. »

Jean-Simon, baron de Moron, sire de Montjoie, Grône, Heymersdorf, Bruèbach, était devenu, après la mort de son père, le chef de sa famille. Elle continuait à éprouver le besoin d'argent, car, le 18 mars 1597, il engagea pour six années les dîmes de la paroisse de Grentzingen à Léonard *Respinger,* marchand à Bâle, pour la somme de 400 florins. La part que prirent les seigneurs de Montjoie aux guerres de la fin du XVIe siècle, les procès qu'ils eurent à soutenir alors pour la conservation de quelques-uns de leurs droits féodaux, leur occasionnèrent de grandes dépenses. Jean Guyot, prévôt de Delle, et d'autres prétendants leur disputaient vivement la dîme de Fahi, près Porrentruy. Jean-Simon de Montjoie et son cousin Jean-Claude d'Heymerstorf passèrent procuration, le 5 juillet 1505, à *François Godin,* châtelain de Montjoie, à l'effet de soutenir leur propriété de cette dîme.

Le baron Jean-Simon épousa en 1591 Ursule de Rheinac, fille de Nicolas de Rheinac, gouverneur d'Altkirch. Elle lui donna trois fils et une fille. Deux de ces garçons furent tués à la guerre, *Jean-Paul* à la bataille d'Aschaffenbourg, et *Ambroise* en Italie. *Jean-Georges* et sa sœur *Ursule,* qui leur survécurent, étaient jeunes encore à la mort de leur père, arrivée au commencement de 1610. Ils eurent pour tuteur Ferdinand-Georges, de la branche d'Heymerstorf, qui aussitôt prit en main leurs intérêts, par le fait du notaire Jean Jacquelin, bourgeois de Porrentruy, dans le procès des dîmes de Fahi. Ursule de Montjoie devint l'épouse du baron de Dang. Quant à Jean-Georges dit le *Jeune*, baron de Montjoie, son frère, revêtu à Inspruck, en 1621, de la dignité de grand-chambellan de l'archiduc Léopold d'Autriche, il se maria en 1631 avec Marie-Françoise, fille de son tuteur Ferdinand-Georges. Dès le 14 mai, il avait reçu, tant pour lui que pour ses parents, l'investiture des fiefs de l'Eglise de Bâle de l'évêque Guillaume Rhine de Baldenstein, que ses successeurs renouvelèrent, comme nous l'avons dit ci-devant.

Jean-Georges, chef de la maison de Montjoie, eut à subir les tristes effets de la guerre de dix ans, et vit la destruction de sa forteresse et de son bourg. Dès le 22 mars 1634, le rhingrave Otto-Louis, général des Suédois, après avoir défait les troupes du marquis de Bade, allié du duc de Lorraine, qui soutenait les Espagnols, arriva bientôt sur les frontières de la Franche-Comté et somma le baron de Montjoie de lui livrer passage, sous peine d'être traité en ennemi. Le baron en réfère aux gouverneurs du comté de Bourgogne, ainsi qu'au marquis de Conflans, et réclame leur secours, sans quoi, disait-il, il ne pouvait se défendre et était contraint d'accepter la protection de la France, qui lui était offerte. Le marquis lui répond sur-le-champ qu'il n'a rien à craindre, puisqu'il est placé sous l'égide de l'empereur; que si le rhingrave attaque les montagnes, il a 10,000 hommes de milice et des montagnards armés pour voler à son secours. Cette réponse encourage le baron de Montjoie, qui, comprenant que la défense des montagnes lui appartient, envoie au rhingrave la réponse du marquis et lui refuse le passage. Otto-Louis n'ose s'avancer plus loin. Le baron de Montjoie est moins heureux l'année suivante. Le maréchal de la Force, commandant un corps français de 12,000 hommes, vient camper à la fin de mai 1635 sous le château de Montjoie. Saint-Belmont, capitaine lorrain, s'était jeté dans la forteresse, dont l'assise sur un roc élevé au milieu d'une vallée profonde était la meilleure défense. Une sommation est signifiée à Saint-Belmont, et il refuse de se rendre. Pour attaquer la forteresse avec avantage, le maréchal avait à loger son canon sur un tertre incliné de l'autre côté du ravin, au couchant; mais pour y arriver, il n'y avait qu'un chemin dans l'étroit espace de cette coupure, au pied même des murs du château. Saint-Belmont tuait à coups de mousquet les bœufs et les chevaux attelés pour monter les canons; et tant qu'il eut des munitions, jamais l'ennemi ne put occuper avec son artillerie le point dominant la forteresse. Quand la poudre vint à manquer, le capitaine lorrain ne se rendit pas encore : il subit plusieurs volées de canon et ne capitula qu'après que la brèche fut praticable, après plus de trois semaines d'une honorable défense. Les vainqueurs firent sauter les tours et les murailles du château, en brûlèrent les maisons, ainsi que celles du bourg; la chapelle seule fut épargnée, et ses murailles, rougies par le feu à l'extérieur, attestent encore de nos jours l'intensité de l'incendie.

La chapelle de Montjoie remonte à l'époque de la transition du style roman au gothique, et son architecture annonce la seconde moitié du xiie siècle plutôt que la première. Cet édifice comprend trois travées; les voûtes et les deux croisées ouvertes au sud-ouest pour éclairer les deux premières sont ogivales à tiers points. Des colonnettes rondes, d'un mètre de hauteur, d'un diamètre de deux décimètres, avec chapiteaux et bases sans sculptures, engagées dans les murailles, supportent les nervures des voûtes, qui sont pentagones. La troisième fenêtre, qui éclaire la dernière travée, très étroite et à arcade aiguë, fait voir qu'elle a été surajoutée aux deux premières au xive siècle (il n'y en a point au nord-est, car la muraille de la chapelle est appuyée contre la montagne); sa voûte est à plein cintre, ce qui nous fait croire qu'elle aurait été restaurée dans les premières années du xviiie siècle, en même temps que la façade occidentale de l'édifice, comme l'indique le millésime de 1736, qu'on lit sur le manteau de la porte d'entrée. Une grande fenêtre ogivale existait au chevet, mais elle a été murée. Un vaste caveau voûté servant à la sépulture des seigneurs de Montjoie existe sous le pavé de la chapelle, qui ne présente plus que deux pierres tumulaires bien conservées et portant des inscriptions. Si on y voit encore d'autres débris de tombes, elles ne présentent que divers signes hiéroglyphiques gravés en creux, tels que croix, ancres, instruments de la Passion de Notre Seigneur en partie mutilés. Ces restes informes servent à faire connaître les ornements des tombes au xiiie et au xive siècle. La chapelle de Montjoie est entretenue dans un état de décence et de propreté qui permet à M. le curé de Vaufrey d'y célébrer la sainte messe. On y voit dans le chœur, du côté de l'épître, une statue colossale de saint Christophe, protecteur des voyageurs; elle est en bois peint de diverses couleurs. Le saint est debout, avec des traits quelque peu rébarbatifs, appuyé de ses deux mains sur un énorme bâton, paraissant se reposer et tout à la fois prêt à marcher. Il est reproduit, il faut l'avouer, tel que notre aimable et spirituel compatriote M. X. Marmier l'a dépeint dans une légende à l'occasion du culte qui lui est rendu dans la chapelle de la montagne de l'Alberg, sur les limites du Tyrol et du Vorarlberg [1]. Nous ne croyons pas nous éloigner de la vérité en avançant que la dévotion à saint Christophe a été importée dans le val de Montjoie par les Tyroliens qui y furent appelés et s'y établirent dans la seconde moitié du XVII° siècle.

Après la destruction de sa forteresse, le baron Jean-Georges habita sa maison de plaisance de Vaufrey et transporta le siége de la justice seigneuriale à Indevillers. Il présenta l'aveu et le dénombrement de ses seigneuries et de celles des autres membres de sa famille à la chambre royale de Brisach. Il mourut à la fin de 1659 ou au commencement de 1660. La guerre, la famine et les maladies épidémiques avaient moissonné presque tous les habitants de la baronie de Montjoie; il les remplaça par de nouveaux colons tirés de l'Alsace, de la Suisse, du Tyrol et de quelques contrées de l'Allemagne. Le type de cette nouvelle population fut la simplicité accompagnée de la dureté allemande; mais à des mœurs humbles, elle réunissait une rare énergie de caractère [2]. L'accent particulier du langage des *Terrotiers* [3] se conserve encore de nos jours; mais depuis un demi-siècle, leurs habitudes se confondent avec celles de la grande famille française. Peuple et seigneur étaient réduits alors à la misère. Le collége des Jésuites de Porrentruy, qui possédait des terres considérables à Montancy

---

[1] Voyez le feuilleton curieux et intéressant du journal le *Nouvelliste*.

[2] En 1789, Vaufrey possédait des registres de l'état civil remontant à la fin du XVI° siècle; ceux d'Indevillers dataient seulement du XVIII° siècle. Maintenant on ne trouve plus à Vaufrey que les registres des naissances de la dernière moitié du XVIII° siècle.

Les noms de famille les plus anciens de la baronie de Montjoie sont ceux des Caffotz, Delphis, Dubail, Vurpillat, Berthod, Breschet, Brisechoux, Garnichet, Choffat, Buessard, Voisard, Fiérobe, etc., etc.

[3] *Terrotiers*, nom donné aux habitants de la seigneurie de Montjoie, appelée vulgairement la *Terrote*.

et à Indevillers, les vendit à vil prix vers 1640. La veuve du baron Jean-Georges était débitrice de sommes considérables à cet établissement; elle lui abandonna des propriétés en paiement après la mort de son mari. Celui-ci, pour attirer de nouveaux cultivateurs, avait dû, quoique obéré, reculer l'exigence de la dîme à la onzième gerbe. Deux ans après sa mort, les tuteurs de ses enfants en bas âge la rétablissent sur l'ancien pied, c'est-à-dire à la sixième gerbe (1662). Dès l'année suivante, les habitants réclament, suppliant qu'on la laisse encore pendant quelques années à la réduction faite après les guerres, et se soumettent pour cela à payer au seigneur une indemnité pécuniaire. Ils ne sont pas écoutés. L'esprit de révolte contre l'autorité seigneuriale éclate alors et se traduit, pendant l'espace d'un siècle (1680 à 1780), en actes les plus blâmables. A quoi bon en exhumer ici le souvenir et en retracer le sombre tableau (1)? A Hirsingen comme dans le val de Montjoie, les droits féodaux sont attaqués tantôt en masse, tantôt isolément. Aux yeux des serfs, ils ne sont que la plus inique des usurpations. Aujourd'hui ils refusent de payer la dîme, demain d'acquitter les corvées ou d'autres redevances payées au seigneur de temps immémorial. Souvent ils pénètrent dans ses forêts la hache à la main, et comme à leur gré le fer ne les détruit pas assez promptement, ils y joignent le feu, comme l'élément le plus efficace pour les anéantir. Le seigneur les traduit devant les tribunaux, et de leur côté ils y traduisent le seigneur, attaquant ses droits de propriété les mieux établis, lui disputant jusqu'au mode de jouissance de ses biens, et pendant qu'on plaide, ils se livrent à des voies de fait peu conformes à la civilisation. Quand, sans parler des sentences rendues par le bailliage de Montjoie, on compte vingt-deux arrêts du conseil souverain de Colmar, quatre ordonnances de l'intendant d'Alsace, trois décisions du conseil d'Etat, dans les procès des communes de la seigneurie de Montjoie avec le seigneur, on se fera difficilement une juste idée du chiffre des dépenses énormes occasionnées aux deux parties, et des frais qui retombèrent sur les populations, qui succombèrent devant toutes les juridictions. Combien, dans leur propre intérêt, elles auraient bien fait de se tenir en garde contre

---

(1) Voyez les Mémoires publiés à l'occasion des procès entre les comtes de Montjoie et leurs serfs, pendant ce laps de temps.

les mauvais conseils et l'effervescence que des agitateurs travaillaient à soulever et à entretenir parmi elles !

Louis XIV, craignant d'être contrarié par l'empereur d'Allemagne dans ses projets de conquête de la Franche-Comté et de la Hollande, faisait travailler à la fortification de Belfort et des rives gauches du Rhin. Le baron de Montjoie dut envoyer trente ouvriers coopérer à ces travaux (mai 1668). On leur avait promis un salaire de 10 sols par jour, et à peine si on leur en payait 4 tous les quinze jours !... Depuis dix ans, 120 chefs de famille de la baronie fournissaient chaque année 100 sacs d'avoine, 4,000 rations de foin et de paille au magasin de Belfort, 21 setiers d'avoine à celui d'Huningue, et une somme de 900 fr. pour la pension des officiers. Ces corvées et ces fournitures, la levée des deniers royaux, n'étaient guère propres à contenter une population pauvre, qui payait déjà malgré elle les droits seigneuriaux. Aussi de tous côtés n'entendait-on que plaintes et murmures !...

Au XVIIe siècle, il n'y avait presque point d'industrie dans la terre de Montjoie. A part les moulins *Jeannotat* sous *les bois de la joux de la Malnuit*, ceux de Bremoncourt, de Glère, de Vaufrey et de Montjoie, on n'y voyait d'autres établissements industriels qu'une verrerie à la Caborde, commune d'Indevillers, une forge et une teinturerie à Fuesse, et une tuilerie à Vaufrey. Les fromageries n'y existaient qu'en germe, puisqu'on nommait *bon gros* un fromage de douze livres. Le commerce n'y était guère plus prospère. Cependant les foires de Vaufrey, les 12 mai et 8 septembre, et d'Indevillers, du 25 septembre, existaient déjà à cette époque. La vente du bétail en était le principal objet (1). Au siècle suivant, l'exploitation des forêts et le flottage du bois sur le Doubs pour l'approvisionnement de la ville de Besançon, amenèrent quelque peu de vie dans ces gorges solitaires (2). Aussi les communautés, restées indifférentes jusque-là à la création et à l'entretien de la via-

---

(1) La foire du lundi de Pâques, à Indevillers, est d'une institution plus récente. Au XVIIIe siècle, le blé se vendait dans cette contrée 3 livres la quarte, l'orge 2 livres, et le boige 30 sols.

(2) Les morts tragiques occasionnées par l'industrie forestière furent assez nombreuses. Parmi les hommes qui s'y adonnaient, les uns furent écrasés par la chute des arbres, les autres tombèrent en bas des rochers ; il y en eut qui se noyèrent dans le Doubs.

bilité, se mirent enfin en devoir d'établir des chemins publics. Elles se partagèrent en effet en quatre sections, de Vaufrey, de Glère, de Bremoncourt et d'Indevillers. Ce village et celui de Vaufrey possédèrent dès le xvi⁰ siècle des ermitages habités par des prêtres disciples de saint Paul, premier ermite. Le R. P. Paul Truche desservait celui de Vaufrey, et Abraham son frère celui d'Indevillers; ils étaient originaires de Saint-Germain, dans la terre de Nantua. L'ermite d'Indevillers tenait un pensionnat de jeunes garçons; son habitation existait en partie sous un rocher et en partie en dehors de cette grotte. La chapelle était dédiée à saint Antide, évêque de Besançon, et avait une statue de Notre-Dame des Sept-Douleurs. A la fête de saint Antide les paroisses voisines se rendaient en procession à l'ermitage. Il a été détruit par un incendie, et en 1791 le jardin et les terres adjacentes furent vendus comme étant des biens nationaux. Abraham Truche avait habité cet ermitage pendant plus de quarante ans. A sa mort, arrivée en 1603, il légua le produit des dons considérables qu'il avait reçus, pour l'entretien de la chapelle et la célébration de quatre messes aux fêtes de la Conception, Nativité, Purification et Assomption de Notre-Dame.

Pendant le xvi⁰ siècle, la famille de Montjoie reçut de nouveau vassaux, les Demmeling (1516); les Steinbourg, seigneurs de Verchamps (1521); les Valter d'Andelaw (1524), et les barons de Grammont (1596). Le baron Jean-Georges le Jeune eut treize enfants, parmi lesquels *Paris-Charles-Joseph*, chanoine de la cathédrale d'Augsbourg, mort à Vaufrey en mars 1721; *Didier II⁰; Ursule*, épouse de François-Paris, de la branche d'Heymerstorf; *Béat-Albert* et *Jean-François-Ignace*, qui divisèrent la maison de *Froberg* en deux nouvelles branches, dites de *Vaufrey* et d'*Hirsingen*. Ces deux seigneurs, arrière-petits-fils au dixième degré de mâle en mâle de Catherine princesse de Neuchatel, et arrière-petits-fils au sixième degré, pareillement de mâle en mâle, de Marie princesse d'Arberg et de Valengin, avaient des droits à la souveraineté des comtés suisses de Neuchatel et de Valengin. Ils protestèrent pour leur conservation le 9 septembre 1707, quand les trois états de ce pays adjugèrent cette principauté au roi de Prusse. Béat-Albert et Jean-François-Ignace de Montjoie renouvelèrent aussi de concert, en février 1683, l'affranchissement de Bremoncourt. Par cet acte les habitants ne furent plus tenus au paiement des droits de poule, de chapons, à la dîme si ce n'est qu'à la onzième gerbe, aux corvées, à la réserve que pour la réparation du château, et à la traque que dans le seul cas où les chasses seigneuriales auraient lieu sur le territoire de leur commune.

CHAPITRE V.

Les Montjoie-Vaufrey. — Béat-Albert achète le comté de la Roche. — Didier II rend de grands services à l'évêque de Bâle. — Sa mort. — Béat-Jean-Baptiste, — Il achète et échange des seigneuries. — Les comtes de Montjoie font exploiter par leurs domestiques des domaines dans le val de Vaufrey. — Reconstruction de leur château et de l'église dans cette commune. — Rectification des limites des terres de l'évêché de Bâle et de la seigneurie de Vaufrey. — Biens et droits seigneuriaux des Montjoie dans le val de Delémont à la fin du xviii° siècle. — Ferdinand-François-Fidèle-Haman de Montjoie-Vaufrey. — Son émigration. — Sa rentrée en France. — Vente de ses forêts. — Ses descendants fixés dans le royaume de Bavière. — Indevillers chef-lieu de canton.

Béat-Albert de Montjoie-Vaufrey prit l'investiture des fiefs de l'Eglise de Bâle des mains de l'évêque Conrad de Roggenbach, en octobre 1681. La famille de Montjoie, si belle par la nombreuse multiplication de ses rejetons et bien plus admirable encore par la parfaite union qui régnait entre eux, ne pouvait résider en entier dans le même château, quoiqu'elle continuât à posséder ses biens dans l'indivision. C'est pourquoi, Béat-Albert se fixant à Vaufrey et son frère Jean-François-Ignace à Hirsingen, il en résulta pour la maison de Froberg deux nouvelles branches, dites la première de *Vaufrey*, et la seconde d'*Hirsingen*. Faisons d'abord connaître la première.

Béat-Albert représente, le 9 août 1686, à Jean-Conrad de Roggenbach, évêque de Bâle, que les barons de Montjoie tenaient en commun comme fief mâle de son Eglise, le quart des dîmes de la paroisse d'Hirsingen, que cette maison s'était partagée en deux branches (de Montjoie et d'Heymersdorf); que lui, descendant de la première, avait toujours possédé ce fief; mais que les descendants de la branche d'Heymersdorf ayant engagé leur part de ces dîmes et s'étant éteints dans la personne de François-Paris, décédé sans hoirs mâles, le droit de ces dîmes lui était revenu ainsi qu'à ses frères. Il réclame en conséquence à l'évêque un certificat constatant que ces biens ont été donnés en fief à la maison de Montjoie, qu'une branche de celle-ci n'a pas le droit d'en engager ou d'en aliéner une portion sans le consentement de l'autre branche, « ainsi qu'il en conste, ajoute-t-il, de la teneur et des termes des lettres, qui n'établissent aucune distinction de personnes dans les possesseurs de ces fiefs. » Le prélat délivra, le 16 décembre 1692, ce certificat aux deux frères Béat-Albert et François-Ignace de Montjoie.

L'année suivante, Béat-Albert, colonel d'un régiment d'infanterie, écrit de Béthune à l'évêque de Bâle, que, se trouvant depuis six jours seulement à la défense des lignes à Lille, il n'a pu se présenter pour reprendre les fiefs que sa maison tient de lui, qu'il veuille bien lui accorder jusqu'à son retour pour effectuer cette reprise, qui eut lieu en avril 1694. Elle fut renouvelée à l'évêque de Bâle, en mars 1697 et en mai 1705, par les trois frères, Béat-Albert, Charles-Paris et Ignace de Montjoie.

Occupé qu'il était aux guerres de cette époque, Béat-Albert abandonna à son frère Ignace la jouissance pour cinq ans de plusieurs revenus de la terre de Montjoie, à la réserve toutefois des échutes et des biens de mainmorte qui lui arriveraient pendant cette période. Ce seigneur jouissait de grands revenus, puisque le 17 juin 1703, il acheta de Mme la comtesse d'Aremberg les seigneuries du comté de la Roche et de Malche, et contribua à l'établissement du couvent des ursulines de Saint-Hippolyte. D'après M. Duvernoy, le duc Léopold-Eberard, prince de Montbéliard, avait le droit d'user du retrait féodal sur le comté de la Roche. Il se disposait même à l'exercer, puisqu'il fit déposer 100,000 francs chez un banquier à Besançon pour en effectuer le paiement. Nous ne savons jusqu'à quel point est fondé ce qu'ajoute l'historien de Montbéliard, à savoir que les habitants de cette terre, par la crainte de l'accroissement des charges féodales sur eux, sollicitaient le prince de Montbéliard à faire cette acquisition, que des intrigues secrètes ourdies contre le duc Léopold, dont on redoutait l'agrandissement, l'empêchèrent de réaliser. Cette propriété suffisait à Béat-Albert pour porter le titre de comte; mais nous raconterons comment il lui fut déféré, ainsi qu'à tous les membres de sa famille, par le roi de France et l'empereur d'Allemagne. Ce seigneur fit sa déclaration de vassalité à la couronne de France et fournit son dénombrement en 1716. Il avait épousé en 1669 Pauline, baronne de Rheinac-Hirtzbac, sœur des deux évêques Jean-Conrad de Rheinac, évêque de Bâle, et Jean-Baptiste son frère, évêque d'Abtéra. Trois enfants sortirent de ce mariage, *Didier*, *Nicolas*, capitaine au régiment de Quat, mort jeune, et une fille du nom de *Marie-Françoise*, qui épousa François-Joseph, baron de Schavembourg. Parvenu à une vieillesse avancée, Béat-Albert de Montjoie vit avant sa mort, arrivée en 1725, les communautés de sa terre renouveler leurs entreprises contre l'autorité seigneuriale. Depuis trente ans elles avaient discontinué de l'attaquer, mais le xviiiᵉ siècle apparaissait gros d'orages et pour la féodalité et pour la société. Didier IIᵉ du nom, fils de feu Béat-Albert de Montjoie, fit hommage, tant en son nom qu'en celui de tous ses parents, à Jean-Conrad de Rheinac des fiefs tenus de l'Eglise de Bâle (8 novembre 1725). Il ne tarda pas à rendre à ce prélat, son suzerain, l'éminent service de ramener à la soumission les habitants des franches montagnes des Bois, qui s'étaient soulevés contre leur prince. Pour connaitre le prétexte de cette révolte, nous rappellerons que la franche montagne, dans le pays de Porrentruy, était encore déserte vers la fin du xivᵉ siècle. L'évêque Imier de Ramestein, pour y amener des habitants, exempta, en 1383, les familles qui s'y fixeraient, de toutes tailles, charges et impôts, moyennant le paiement annuel de 12 deniers par chaque ménage à l'évêché de Bâle; cette concession fut accordée à perpétuité. Néanmoins les habitants furent imposés à des taxes qu'ils payèrent d'abord sans murmurer. En 1726, le prince évêque promulgua une ordonnance générale pour l'administration des affaires, sous réserve des franchises de ses sujets. Cet acte fut accueilli assez favorablement dans tout l'évêché, à l'exception des franches montagnes, où trois citoyens influents, investis de fonctions publiques, en prirent occasion pour soulever leurs concitoyens. Ils rédigèrent un cahier de doléances où ils se plaignaient, entre autres griefs, de l'impôt sur les boissons, prétendant que personne n'avait le droit de les soumettre à des impôts. Des commissaires envoyés par l'évêché furent insultés. Des rassemblements tumultueux eurent lieu, on se mit hautement en insurrection contre le prince et son bailli. Cet état de choses dura jusqu'en 1731, où le baron de Montjoie ménagea la soumission des insurgés. Ceux-ci, intimidés par une sentence de la cour de Vetzelar (1), qui les inculpait du crime de lèse-majesté, se soumirent à l'évêque, qui fit de son côté quelques concessions. Ainsi, les idées d'indépendance ne fermentaient pas seulement dans la terre de Montjoie, mais encore dans les montagnes voisines de l'évêché de Bâle. Cependant force resta à la loi dans l'une comme dans l'autre de ces localités. Le conseil souverain de Colmar rétablit à Montjoie, en 1728, la servitude personnelle, c'est-à-dire l'obligation d'acquitter les corvées *en personne* et non par des prestations pécuniaires.

Didier II avait épousé, en mai 1702, sa parente Joséphine, baronne de Montjoie de la branche d'Heymersdorf. Il mourut en 1736, laissant neuf enfants, parmi lesquels *Georges*, chanoine et grand écolâtre du haut chapitre de Bâle, *Béat-Jean-Baptiste-Hattman*, *Marie-Xavière*, dame de Remiremont, *Marie-Anne-Ursule-Ludivine*, mariée à son parent de la branche d'Hirsingen *Magnus-Louis-Michel*, et *Joséphine*, qui, après être entrée au chapitre de Remiremont, le quitta pour se faire religieuse annonciade à Porrentruy. On voit encore dans le pavé de la chapelle de Montjoie une pierre tumulaire qui recouvre les cendres de Didier II, de son épouse baronne et comtesse de Montjoie et de ceux de leurs enfants morts en passage devant Trétudans.

Son fils Béat-Jean-Baptiste-Hattman, comte de Montjoie et de la Roche, administra avec beaucoup d'ordre ses seigneuries, dont il accrut les revenus. Messire François-Joseph de Laviron, écuyer, seigneur de Tréviliers, conseiller au parlement, avait acheté, en octobre 1753, de la comtesse de Lallemand les fiefs et seigneuries en moyenne et basse justice dits de *Valengin*, relevant du comté de la Roche, et en avait fait l'hommage, le 1er novembre suivant, au comte de Montjoie. Celui-ci usa du retrait féodal et conserva pour lui l'acquisition de M. de Tréviliers, aux lieux de Chamesol, Fessevillers, Charmauvillers, Courtefontaine, les Plains, Trémeux, et lui relâcha en compensation une partie de la seigneurie qu'il avait acquise du conseiller Marquis dans les villages et territoires de Tréviliers, Thiébouhans et Ferrières (1754). Le 16 avril 1757, il partagea aussi la seigneurie de Maîche avec ses co-seigneurs, Desle-Alexandre Perrenot de Cernay, abbé

(1) Vetzelar, ancienne ville impériale libre dans le duché de Francfort, où siégeait la chambre chargée de juger toutes les difficultés qui s'élevaient dans les États de la confédération germanique.

commendataire de la royale abbaye de Saint-Sauveur de Montreuil, représenté par M. Roi, doyen de la collégiale de Saint-Hippolyte, et Béat-Joseph Guyot de Bermont, dont M. Vannier, avocat au parlement de Besançon, était le mandataire. La seigneurie de Varambon continua à appartenir au comte de Montjoie, moyennant la charge dont nous parlerons ci-après. Béat-Joseph Guyot avait les deux tiers des autres terres nobles de Maîche et des hameaux voisins, et le tiers restant revenait à l'abbé Perrenot. Après avoir fait mesurer et délimiter ces terres afin de prévenir toutes difficultés entre eux, ils en formèrent trois lots. Le 1er fut composé de la partie du territoire et du village de Maîche dite de *Granvelle*, du Prélot, le Mont-du-Pré, les Joux ; le 2e, des villages des Ecorces et de Cernay-sur-Maîche ; le 3e enfin, de ce qui appartenait *à la seigneurie de Granvelle* dans les villages et hameaux de Pierrefontaine, Vautrans, Rosureux, Bretonvillers, Chamesey, Longevelle, Fremondans, Vàrin, Battenans, Friolais, Mont-de-Vougney, Longchamps, et d'une soulte de 2,000 livres et 36 quartes de froment mesure de Maîche, assignée sur le moulin de *Varoli*, payable par le comte de Montjoie-la-Roche, possesseur à Maîche de la seigneurie de Varambon. L'abbé de Cernay eut la précaution de réserver le titre noble de ce village, au cas où le lot qui le comprenait ne lui arriverait pas dans le tirage au sort. La Providence donna effectivement les deux premiers lots à Béat-Guyot de Bermont, et le troisième à l'abbé de Cernay. Il le céda au comte de Montjoie, qui l'échangea avec le chevalier François Guyot de Malseigne, contre les terres et droits dits *la seigneurie de Malseigne*, à Chamesol. Le chevalier de Malseigne reprit de fief, en 1762, du comte de Montjoie ce qu'il en avait reçu en contr'échange.

Après les guerres des Suédois au XVIIe siècle, la dépopulation avait obligé les comtes de Montjoie à tenir et à faire cultiver par des domestiques des domaines et d'autres terres : de là naquit pour les habitants la nouvelle charge de payer *les gages des valets*. Le comte Béat-Jean-Baptiste voulut remettre ses exploitations à des fermiers (1). Les terres des seigneurs étaient exemptes de

(1) En 1756, le comte de Montjoie amodia ses pâtures de *Bouverance* et de *Récambet* pour 624 livres; celle de la *Brochette*, 312 livres; sa moitié du moulin de Clère, 120 livres; le meix aux *Bévolois de Réclère*, 38 mesures de grains divers; les *dîmes novales de Fessevillers*, 64 quartes de grains; les *herbes du pré*

contributions envers les communautés, mais la coutume et la jurisprudence en Franche-Comté les assujettissaient à en payer *un tiers* lorsqu'elles étaient cultivées par des fermiers (1). Cet usage n'était peut-être pas fixé en Alsace d'une manière aussi déterminée, puisque le comte de Montjoie crut devoir prendre le consentement des communautés de sa terre avant de remettre à bail les terres qu'il faisait cultiver. Elles répondirent que quelque mode d'exploitation qu'il adoptât, elles ne voulaient pas les porter aux rôles des contributions. Néanmoins le comte leur donna une somme de 100 francs pour leurs besoins généraux. Mû par un louable sentiment de bienfaisance, il fit la remise des amendes qu'ils avaient encourues pour dégradations dans ses forêts, en 1755, aux habitants d'Indevillers, Burnevillers, Richebourg et Montancy. A cette époque l'inclémence des éléments et les tempêtes semblaient rivaliser avec l'agitation morale des esprits, car une grêle affreuse détruisit pendant l'été la moitié des récoltes, des vents impétueux renversèrent d'énormes sapins, et après les grands froids de l'hiver de 1756-1757, le dégel et les grandes eaux occasionnèrent d'affreux dégâts dans les villages du val de Montjoie.

Le château seigneurial et l'église de Vaufrey tombaient de vétusté. Ce dernier édifice fut reconstruit dans le cours de l'année 1758. Les décimateurs payèrent la reconstruction du chœur, et les paroissiens contribuèrent à celle du corps de l'église; mais ils ne montrèrent pas la même bonne volonté pour la réédification de la demeure du seigneur. Ils se refusèrent à faire les corvées auxquelles ils étaient tenus : le conseil souverain d'Alsace dut contraindre les habitants de Bremoncourt, qui prétendaient en être exempts ensuite de leur affranchissement (2). Au reste la fourniture des denrées que la guerre de sept ans vint imposer aux ha-

---

de *Chamesol*, 370 livres argent de France; les *dîmes de la seigneurie de Malseigne, au même lieu*, 45 quartes de froment. Il fit couper aussi une grande quantité de bois dans ses pâtures de Bouverance et de Récambet. Le coupage et le transport de chaque corde empilée sur le bord du Doubs ne coûtaient que 1 franc 40 centimes.

(1) Voyez les *Observations sur la coutume*, par Dunod, p. 51. *Un tiers*, c'est-à-dire le tiers de ce qu'elles en auraient payé si elles étaient imposées entièrement, au *prorata* des terres non nobles.

(2) Du magnifique château de Vaufrey, composé de deux ailes et d'un corps de logis qui les unissait, il ne reste plus que celui-ci, habité actuellement par M. Monnot. C'était le logement du châtelain. L'aile au nord-est, qui était la demeure du

bitants de la terre de Montjoie, ne fit que les aigrir davantage. On exigea d'eux de conduire à Colmar 5,377 rations de foin, à raison du poids de dix-huit livres l'une ; mais un nommé Ursanne Voisard, de Morvillars, les livra pour eux moyennant 10 sols 3 deniers par ration. Depuis la réunion de l'Alsace à la France, toutes les communes de la terre de Montjoie ne fournissaient qu'un seul soldat aux armées françaises. Si elles ne trouvaient pas de jeune homme qui s'offrit volontairement moyennant 120 francs, qu'on lui payait pour chacune de ses années de service qui durait six ans, alors le tirage au sort s'opérait entre tous les garçons du comté de Montjoie.

Jean-Baptiste-Haltman, comte de Montjoie et de la Roche, épousa en 1736 Marie-Victoire-Catherine Rinch de Baldenstein, sœur de l'évêque de Bâle : ils eurent neuf enfants, entre autres *François-Ferdinand-Fidèle-Haman, Marie-Antoinette-Fidèle*, mariée à Claude-Joseph-Nicolas, comte de Grivel-Saint-Mauris, chevalier de Saint-Louis et de Saint-Georges, mestre de camp et major du régiment dragons de Lorraine-Prince, et *Marie-Anne-Josèphe-Fidèle*, dame de Remiremont. Les demoiselles de Montjoie continuaient donc à peupler cet asile de la noblesse, et leur maison vécut toujours dans la plus grande intimité avec celle de Saint-Mauris. Dans le cours du xviiie siècle, trois religieuses de la famille de Montjoie à Remiremont y appelèrent pour nièces trois demoiselles de Saint-Mauris. Béat-Jean-Baptiste de Montjoie mourut le 14 février 1761, et sa veuve décéda à Porrentruy un an après.

François-Ferdinand-Fidèle-Haman succéda aux seigneuries de son père. Le jour même de l'enterrement de celui-ci, les communes lui firent signifier qu'elles se refuseraient à faire les corvées tant que le seigneur ne nourrirait pas les travailleurs, et qu'elles exigeaient que tous ses biens acquis ou réunis à son domaine depuis la paix de Munster (1648), fussent compris dans le rôle des impositions communales. L'intendant d'Alsace ordonna que les hommes de la terre de Montjoie feraient les corvées comme par le passé, puisque le seigneur ne leur devait pas la nourriture. Quant aux impôts, il déclara que les biens du comté

---

seigneur, a été démolie ; celle en face, où étaient les écuries surmontées des greniers, admirablement distribués, subsiste encore.

de Montjoie étaient exempts de tous impôts, si ce n'est du vingtième, s'il les faisait valoir par lui-même, mais que s'il les donnait à bail, ses fermiers paieraient *la portion colonique*, c'est-à-dire le tiers des impôts auxquels ils auraient été sujets s'ils n'étaient pas domaines nobles. Si le seigneur voulait affermer ses biens, il devait en prévenir les communautés au mois de septembre de l'année précédente. C'est surtout pendant les dernières années du xviii° siècle qu'elles employèrent tous les moyens, qu'elles réunirent tous leurs efforts afin de parvenir à l'abolition des droits féodaux. Au désespoir de voir leurs tentatives inutiles à Colmar, elles traduisirent leur seigneur à la cour de Versailles. Là encore elles échouèrent. Le roi Louis XVI, par arrêt rendu en son conseil le 1ᵉʳ février 1774, débouta les communes du comté de Montjoie de toutes leurs demandes et les renvoya devant le conseil souverain d'Alsace. Cette compagnie, par arrêts successifs des 11 décembre 1775, 7 juillet 1777 et 19 août 1779, condamna de nouveau ces communautés et régla les dommages et intérêts qu'elles auraient à payer à leur seigneur. Ces décisions suprêmes et définitives portèrent au comble l'irritation des habitants. Les nombreux procès-verbaux pour procédés et propos irrespectueux envers le comte de Montjoie constatent cette vérité (1). Cependant, de son côté il n'usait envers eux que de bienveillance, ajoutons même d'indulgence. C'est ainsi qu'en 1779, il restreignit à 1,322 livres la part des dommages et intérêts que lui devait la commune de Bremoncourt par suite des procès, et qu'en janvier suivant il permit à celle de Glère d'amodier pour quatre ans des cantons de communaux, afin de se libérer des dettes qu'elle avait contractées par le même motif. Il faisait aussi de fortes remises sur le droit d'*abzug* qu'il percevait des émigrants.

Par un traité du mois de juin 1780, le roi de France et l'évêque de Bâle échangèrent respectivement la souveraineté de certaines parties de leurs Etats enclavées les unes dans les autres.

(1) En juin 1784, le garde des chasses et pêches du comte de Montjoie reçut un coup de fusil en plein visage. On faisait grand bruit de ses prétendus droits de prélibation, de faire ouvrir le ventre à ses serfs pour se réchauffer les pieds dans leurs entrailles fumantes pendant ses chasses en hiver, etc., etc. — Sur le champ de foire, les habitants se refusaient à acquitter le paiement des droits de vente sur le bétail, et ne faisaient entendre que propos injurieux et menaces contre le seigneur.

Le roi de France céda au prélat la portion du comté de Montjoie située sur la rive droite du Doubs et dans les terres de l'évêché par conséquent, c'est-à-dire le canton de la Malnuit ou des bois dits de Montjoie, sous la mouvance de l'empire, avec réserve de la propriété et des droits seigneuriaux pour les comtes de Montjoie, qui les reprirent de fief de l'évêque de Bâle, comme ils le faisaient auparavant du roi de France. L'évêque de Bâle céda à son tour au roi de France la souveraineté du château et de la terre de Chauvilliers, en conservant la propriété de cette seigneurie, avec les droits et franchises accordés aux autres domaines de l'Eglise de Bâle dans la haute Alsace, auxquels la seigneurie de Chauvilliers fut unie. Le comte de Montjoie régularisa aussi avec l'évêque de Bâle les limites de son comté (1747-1787). La partie supérieure des bois de la grande côte fut fixée comme la limite des territoires de Montancy du côté de l'Alsace, et de Cheveney de celui de l'évêché. Les bornes séparatives des deux Etats furent fixées et le plan des lieux levé en 1788.

A la fin du XVIII° siècle, le comte de Montjoie amodiait aux enchères pour un bail de trois ans la perception de ses dîmes, à la réserve de celles de Vaufrey, Cray, Marchanvillers, qu'il faisait lever par ses domestiques; celles des autres lieux rapportaient 1,800 quartes de blé, 180 sacs de pommes de terre et 120 fr. d'argent. Les adjudicataires, crainte du monopole, n'étaient jamais qu'au nombre de deux. L'adjudication tranchée, ils donnaient un repas à leurs concurrents. Dans la suite, le seigneur voulut en faire les frais, mais le conseil souverain d'Alsace supprima cette coutume en 1682. Aux temps de la moisson, les cultivateurs étaient tenus d'appeler par trois fois les dîmeurs. Pendant les années qui précédèrent 1789, le seigneur de Montjoie afferma ses domaines de Vaufrey pour 1,300 livres, de *Montabry* et de *Bouverance*, le premier pour 1,000 livres et l'autre au prix de 1,200 livres; il percevait encore alors les droits de lods et de tabellionnage au denier dix, et une corde de bois tout façonné sur dix dans les exploitations de forêts acensées.

A la mort du chef de la maison de Montjoie, tous les censitaires, sans nulle exception, étaient tenus de reprendre de nouvelles lettres et de payer 24 quartes de blé pour cette nouvelle reprise, sans préjudice du paiement de l'acensement courant. Cette charge était lourde et ne contribuait pas peu à entretenir le mécontentement dans l'esprit de la population. Les Montjoie-Vaufrey et Hirsingen possédaient encore en commun des propriétés, des dîmes et d'autres redevances considérables dans le val de Delémont et dans l'Ajoie, entre autres dans les villages de Develier, d'Undrevilliers, d'Essarts, Rebervillers, du Saulci, de Cornol, la Joux, Courtatelle. Le domaine dit la *Combe-aux-Monins* devint entre eux l'objet d'un procès pendant la durée duquel le comte de Montjoie-Vaufrey retirait, pour sa part des revenus de cette ferme, la somme de 456 livres, plus 22 livres 10 schellings bâlois qui lui étaient payés par ses parents d'Hirsingen et les Delphis de Porrentruy. Ces seigneurs acensèrent aussi d'un commun accord en 1786, à un particulier d'Altkirch, les débris d'un vieux moulin auprès de la source de l'*Illate*, territoire de Glère, à charge d'y construire à ses frais un moulin neuf à trois tournants moyennant le rendage annuel de 48 quartes de blé ; les Montjoie s'obligèrent à ne pas laisser construire d'autres moulins sur le Doubs et ailleurs sur le territoire de Glère.

Ferdinand-François-Fidèle-Haman épousa, au mois de septembre 1760, Marie-Anne-Sophie de Kageneck, fille du baron de ce nom, demeurant à Fribourg, dans le grand-duché de Bade. Cette dame était la sœur de Mme la princesse de Metternich, mère de l'illustre ministre de l'empereur d'Autriche, et de Mme la baronne de Schœneau, grand'mère maternelle du baron de Ghor. Ce mariage produisit cinq enfants : 1° *Marie-Anne-Valburge*, née en 1761 ; 2° *Frédéric-Victor*, en 1768 ; 3° *Joseph-Vuillerme*, en 1771 ; 4° *François-Henri-Vandelin*, en 1773 ; 5° enfin *Charles-Népomucène-Fidèle*, né en 1779 (1). La comtesse de Montjoie mourut de la petite vérole, à Vaufrey, peu de temps avant la révolution de 1789, et fut inhumée dans l'église paroissiale. Son époux avait emprunté de son cousin Népomucène-Fortunat d'Hirsingen une somme de 20,000 francs pour payer ce qu'il devait encore à sa sœur la comtesse de Saint-Hippolyte, dame de Remiremont, qui avait donné tous ses biens au monastère de la Visitation à Paris. Avant de partir pour l'émigration, il contracta de nouvelles dettes dans une maison de Montbéliard. En 1791, il se retira d'abord à Bâle, puis, bientôt après, dans le grand-duché de Bade, pour éviter les armées françaises qui étaient entrées en Suisse.

(1) Voyez les registres des naissances de Vaufrey.

Il prit du service dans l'armée de Condé, et, après avoir essuyé toutes les vicissitudes de l'émigration, il fut accueilli dans la grande commanderie de Hoitersheim, dans le duché de Bade. Rentré en France avec son fils Joseph-Vuillerme à la suite des alliés, en 1814, il fut présenté avec les débris de la noblesse de la haute Alsace au duc de Berry, passant à Colmar la même année. Ce prince n'eut à offrir que des compliments flatteurs à ce vénérable vieillard, qui mourut en janvier 1818, dans la commanderie de l'ordre de Malte, où il s'était retiré, dans le duché de Bade. Son fils Joseph-Vuillerme était mort dès 1816, au château de Gelsfeld, et nous pensons que ses autres enfants sont aussi tous décédés.

Après l'émigration du comte de Montjoie, tous ses biens, avec les cantons de ses forêts dont il tirait son affouage, furent vendus par la nation (1). Quant à celles où les communes exerçaient un droit d'usage, ces communes, aussitôt leur réunion opérée avec le département du Doubs, s'adressèrent au conseil général pour lui demander la propriété des bois et des communaux de l'ex-seigneurie de Montjoie, situés sur leur territoire respectif. Cette demande n'eut pas de suite. L'administration des domaines se mit en possession de ces forêts, réprima les nombreuses dégradations auxquelles s'y livraient les habitants, et régla les coupes affouagères de chaque commune conformément à l'arrêt du conseil de Colmar de l'an 1718. Cet état de choses subsista jusqu'en 1814. Le comte de Montjoie, rentré en France à cette époque, sollicita et obtint du roi Louis XVIII, le 21 janvier 1815, la restitution de ses forêts invendues. Au retour de l'empereur à Paris, en mars de cette année, le comte de Montjoie s'expatrie de nouveau, et ses forêts rentrent sous la main du gouvernement. Après la seconde restauration, elles lui sont restituées une seconde fois (9 octobre 1815). Lorsqu'il fut mort, ses petits-enfants n'acceptèrent sa succession que sous bénéfice d'inventaire, et, en conformité de la loi, un inventaire dressé le 11 février 1818 présenta les forêts comme l'actif de la succession. Elles étaient grevées des droits d'usage au profit des communes, ce qui en rendait la vente difficile. C'est pourquoi le mandataire de MM. de Montjoie se dé-

---

(1) Le domaine de *Montabry* sur Montjoie ne fut vendu que le 17 prairial an II (5 juin 1794), et celui de *Seigne* le 9 germinal an III (29 avril 1795).

termina, en avril 1818, à appeler en justice les communes pour faire statuer sur ce droit et établir un cantonnement qui, devenant la propriété de chaque commune, déchargerait de toute servitude les autres parties de ces forêts. Mais les créanciers de M. de Montjoie les firent saisir et en poursuivirent l'expropriation. L'adjudication de 1,289 hectares de forêts fut tranchée, le 22 août 1822, devant le tribunal de Montbéliard, en faveur des quatre maires des communes de Vaufrey, Glère, Bremoncourt, Indevillers, pour la somme de 80,000 francs. On croyait généralement que ces quatre fonctionnaires achetaient ces bois pour leurs communes ; aussi les concurrents ne se présentèrent-ils pas. Deux et trois ans après (1824 et 1825), les adjudicataires, après avoir soldé le prix de l'acquisition qu'ils avaient faite et s'être indemnisés de leurs frais par la vente de plusieurs taillis, firent transport-cession à quelques habitants de chacune des communes de l'ancienne seigneurie de Montjoie des cantons de bois situés sur leurs territoires respectifs, moyennant un prix insignifiant. Cette mesure dut prendre cette forme parce que les communes n'étaient point autorisées à acquérir ces bois. Les cessionnaires, dit-on, leur en ont fait la remise. En 1838, les héritiers bénéficiaires du comte de Montjoie actionnèrent les communes de leur ancienne terre en cantonnement des communaux et pâturages non vendus pendant la révolution de 1789. Les assignations qu'ils firent donner à cet effet, reconnues valables par le tribunal de Montbéliard, furent déclarées nulles pour défaut de forme, en janvier 1840, par la cour d'appel de Besançon. MM. de Montjoie, empêchés peut-être par la prescription, ou sous l'influence de quelque autre motif, n'ont pas fait donner suite à leur action, et maintenant les communes jouissent paisiblement des communaux situés sur leurs territoires.

Joseph-Wuillerme de Montjoie, capitaine au Royal-Allemand, avait épousé en 1785 Marie-Louise-Caroline, baronne d'Hesperg et de Vayer. Trois garçons et une fille sortirent de cette alliance. Cette dernière était l'aînée : elle naquit à Vaufrey le 4 août 1786. Tenue sur les fonts du baptême par son grand-père paternel et sa grand'mère maternelle, elle reçut les prénoms de *Sophie-Amélie-Fidèle*, et épousa M. *Claude-René-Philippe Augier*, demeurant à Dachsthull, grand-duché prussien. Les garçons étaient : 1° *Camille-Népomucène-Christophe*, commandeur de l'ordre Teutonique, conseiller intime du roi de Wurtemberg, domicilié au château de Gersfeld, grand-duché de Wurtzbourg, dans le royaume de Bavière ; 2° *Ernest,* qui vient de mourir dans le même lieu, où il résidait avec son frère. Pendant la Restauration, il vint en France et épousa la fille unique de M. le lieutenant général d'Ambrugeac, comte et pair de France. Un fils, seul rejeton de ce mariage, s'est marié lui-même depuis peu en Bavière. Ce sont ces trois enfants de Joseph-Wuillerme de Montjoie qui se portèrent héritiers bénéficiaires de leur grand-père, comme nous l'avons dit. Quant à leur frère N..., il fut tué à Goumois en rentrant en France, le dimanche 2 juillet 1815. Pendant les *cent-jours* (1), un corps de volontaires royalistes français s'était formé dans la franche montagne de l'ancien évêché de Bâle pour seconder la rentrée en France des princes de la maison de Bourbon. Après la seconde abdication de l'empereur, quelques régiments suisses se mettent en marche pour entrer en France par Pontarlier et la route de Moulins à Bâle. Le colonel Chambure, de Dijon, à la tête de 100 fantassins et de 40 cavaliers, vient attaquer la colonne suisse, qui occupait déjà le village français de Villars-lez-Blamont. Là se donne un combat qui amène l'incendie presque général de cette commune. Le colonel Chambure, trop faible pour repousser un corps d'armée de plusieurs milliers d'hommes, se retire sur la petite ville de Saint-Hippolyte le samedi 1er juillet. Dans l'après-midi de ce jour, les volontaires royaux descendent en chantant la montagne de Saignelegier pour coucher dans la partie suisse du village de Goumois. Pendant la nuit, le colonel Chambure est averti. Il se met aussitôt en route avec sa petite troupe, et arrive à quatre heures du matin dans la partie française du village de Goumois. Après avoir enlevé la sentinelle royaliste à l'entrée du pont, il commande un feu roulant contre l'auberge où étaient réunis les officiers et l'état-major du corps royaliste. Ces Messieurs déjeunaient avant de franchir la limite de la frontière française. Le marquis de Ravigny et le jeune comte de Montjoie sautent à cheval, franchissent le pont et sont accueillis par une grêle de balles. Le marquis de Ravigny tombe raide mort, et l'infortuné comte de Montjoie a une cuisse traversée par un coup

---

(1) On nomme ainsi les trois mois que l'empereur Napoléon 1er passa en France au printemps de 1815, après sa rentrée de l'île d'Elbe.

de feu. Emporté par son cheval à quelque distance du village, il se retire sous une haie, au lieu dit *Derrière-la-Toiture*. Pendant ce temps-là, Chambure, voyant qu'on ne lui riposte pas, passe le pont, pille les bagages, brise les fusils et jette dans le Doubs un tonneau de poudre et une caisse de pierres à fusil. Aux premiers coups de feu, les royalistes, au nombre de plusieurs centaines, et les élites suisses qui les accompagnaient, avaient pris la fuite dans toutes les directions. Les soldats de Chambure se mettent à leur poursuite sur les deux rives du Doubs, tuent deux soldats royaux et en blessent une trentaine. Ils viennent à découvrir le comte de Montjoie; rien ne les arrête, ni la jeunesse de ce seigneur, ni la rançon qu'il peut leur offrir : ils le massacrent impitoyablement. A huit heures du matin, Chambure fait battre le rappel et reprend le chemin de Tréviliers avec sa troupe. Sur le soir, les quatre volontaires royaux qui ont perdu la vie sont inhumés dans une fosse commune, sans qu'on pense à leur rendre les devoirs religieux, tant la sanglante échauffourée avait glacé de frayeur les habitants de Goumois.

A l'époque de l'organisation de la France en départements, en 1790, les communes de l'ancienne seigneurie de Montjoie demandèrent à être détachées de l'Alsace pour faire partie du département du Doubs. Elles formèrent avec le village de Goumois un canton dont le chef-lieu fut fixé à Indevillers; il a subsisté jusqu'à l'époque du consulat, en 1799. Alors il fut supprimé et réuni au canton de Saint-Hippolyte, à l'exception de Goumois, qui fut donné à celui de Maîche. Les populations de Montjoie, si mécontentes du régime féodal, saluèrent sans doute avec enthousiasme la révolution française. Mais si parmi elles le camp des patriotes fut le plus nombreux, les aristocrates eurent aussi le leur, et les deux partis conservèrent entre eux l'union et la tranquillité. Ce n'est pas une chose peu digne de louanges, qu'au milieu de l'effervescence des passions révolutionnaires, des hommes connus jusqu'alors pour des génies assez remuants aient su se préserver de tout acte vexatoire à l'égard de leurs concitoyens, et de ces folies anti-religieuses si déshonorantes pour l'humanité.

CHAPITRE VI.

Branche de Montjoie-Hirsingen. — François-Ignace en est la tige. — Les Montjoie élevés à la dignité de comtes par le roi de France et l'empereur d'Allemagne. — Partage des biens de la maison de Montjoie. — Simon-Eusèbe, évêque de Bâle. — Le comte Magnus-Michel rebâtit le château d'Hirsingen. — Chapelle des Montjoie dans cette localité. — Jean-Népomucène-Fortunat. — Sa mort à Bâle. — Ses descendants en Autriche et en Bavière.

La branche des Montjoie d'Hirsingen est non moins distinguée par ses hautes alliances, le rang brillant occupé par la plupart de ses membres dans l'Eglise et dans l'armée, que celle de Vaufrey. Jean-François-Ignace, frère de Béat-Albert, en fut la souche. Né en 1653, ce seigneur fut maître de camp au régiment Royal-Allemand. Il épousa en 1684 Marie-Jeanne de Reichenstein d'Intzlingen, sœur de l'ambassadeur de l'empereur d'Allemagne en Suisse. Il se joignit à son frère Béat-Albert pour conserver la propriété des dîmes qu'ils tenaient en fief de l'évêque de Bâle, contre l'aliénation qu'en avaient faite leurs parents de la branche d'Heymerstorf, et il reçut l'investiture de ces mêmes fiefs avec ses frères, en 1706. Il mourut en 1716, laissant huit enfants, cinq garçons et trois filles, tous appelés à des positions brillantes [1]. En effet, *Philippe-Antoine* fut grand commandeur de l'ordre Teutonique des provinces de Bourgogne et d'Alsace, am-

[1] On voit dans la chapelle de Montjoie un portrait à l'huile de Jean-François-Ignace. Il est représenté à genoux sur un carreau de velours cramoisi, les mains jointes, priant devant l'image de la Vierge. Ce tableau est sans doute un *ex-voto*. La figure fraîche de ce vieillard respire la douceur et la bonté ; ses cheveux blancs, non attachés, sont flottants et descendent jusqu'au bas du dos ; son habit à la française, sa culotte et jusqu'à ses bas sont d'une étoffe composée de larges bandes vertes et blanches disposées alternativement en ligne droite de haut en bas. Il est ceint de son épée, et son casque doré est placé sur un tabouret à côté de lui. Ce costume, pour celui d'un militaire, nous a étonné. Son nom est inscrit dans un des angles supérieurs du tableau, et dans l'autre sont les *clefs*, insignes armoriaux de sa famille. Sous ses pieds, on lit ces mots : *Montjoie, Romont* et *Reinach*.

bassadeur de l'empereur Charles VII en Suisse, lieutenant général des armées de l'électeur de Cologne, général de cavalerie de l'électeur duc de Bavière, colonel d'un régiment de cuirassiers au service de ce duc, dont il fut encore le conseiller intime. L'histoire présente rarement, il faut l'avouer, des personnages honorés de tant de fonctions et de dignités. Mais Philippe-Antoine n'était point au-dessous de sa position. Militaire distingué, il fut un diplomate habile. En novembre 1725, il reprit de fief, tant en son nom qu'en celui de tous ses parents, les dîmes qu'ils tenaient de l'Église de Bâle. L'évêque Jean-Conrad de Rheinac-Hirtzbach lui donna l'investiture. Envoyé en mission de confiance à la cour de Versailles par les électeurs de Bavière et de Cologne, il mourut à Paris en 1787, et fut inhumé dans l'église des Capucins de la rue Saint-Jacques (1). Un autre fils d'Ignace de Montjoie, *Simon-Nicolas-Eusèbe*, fut non moins distingué. De chanoine de Saint-Pierre le Jeune de Strasbourg et ensuite de la cathédrale de Bâle, il fut élu évêque de cette ville en octobre 1762, et mourut dans cette dignité en avril 1775. Sa mémoire, encore vivante dans le Jura bernois, est celle d'un prince éclairé, ami des arts, bon, compatissant. Il fut chéri de son peuple. Un autre de leurs frères, *François-Xavier*, fut prévôt d'Istein. Leurs sœurs, *Jeanne-Joséphine*, chanoinesse de l'abbaye princière d'Andelaw ; *Marie-Anne*, dame de Remiremont, sous le nom de *dame de Montjoie* ; *Elisabeth*, mariée avec le baron de Klinglin, premier président du conseil souverain d'Alsace, occupèrent de leur côté des positions très honorables.

Après tant d'illustration, on ne sera pas étonné de voir le roi de France et l'empereur d'Allemagne investir la famille de Montjoie d'un nouveau titre d'honneur, nous voulons dire de la qualité de comte. Au mois d'avril 1736, le roi de France Louis XV conféra par lettres patentes cette dignité à Philippe-Antoine de Montjoie, non-seulement pour lui, mais encore pour tous les membres de sa famille. Le 21 février 1743, l'empereur d'Allemagne Charles VII, considérant la haute position de la famille de Montjoie en Alsace, les services rendus par elle à l'empire et à la France, etc., etc., éleva tous ses membres à la dignité de comtes et com-

(1) On m'a écrit de Remiremont qu'il existe dans ce pays un portrait à l'huile de ce haut personnage.

tesses. Par là, ces seigneurs devinrent comtes de France et tout à la fois de l'empire germanique. Quoique domiciliés les uns dans le Haut-Rhin, et les autres à Vaufrey, ils avaient possédé leurs biens et seigneuries dans l'indivision; mais en 1741 le partage en fut opéré, à quelques exceptions près. Les Montjoie-Vaufrey eurent les terres et seigneuries qui font partie maintenant du canton de Saint-Hippolyte (Doubs), et la branche qui habitait Hirsingen obtint les châteaux et villages situés dans les arrondissements actuels d'Altkirch et de Belfort (Haut-Rhin). Ce partage n'empêcha pas que toutes les propriétés qui en avaient été l'objet ne restassent unies moralement pour former l'unique comté de Montjoie, dont tous les seigneurs de ce nom prenaient le titre. Cette dignité devint ainsi un lien qui perpétua l'admirable union qui régnait depuis des siècles entre les membres si nombreux de cette famille.

Philippe-Antoine de Montjoie, commandant à Andelaw et à Altschausen, était devenu porteur des fiefs de l'Eglise de Bâle et devait les reprendre après la mort de Didier II, baron de Montjoie-Vaufrey: mais du consentement de l'évêque et sous la réserve du *non-préjudice*, son frère *Magnus-Louis-Charles-François-Ignace* en fit la reprise le 10 août 1736. On voit par là qu'au milieu du xviii° siècle, l'évêque de Bâle tenait non moins que les Montjoie à ce que le plus ancien membre de cette famille fît devoir pour les droits seigneuriaux qu'elle avait reçus de ses prédécesseurs. Après l'extinction des Ramestein, Charles-Magnus reçut du roi de France le domaine de Jettingen, près d'Altkirch, où le cardinal Mazarin avait la haute justice. Le magnifique château d'Hirsingen avait été restauré par ce seigneur; mais il fut rasé en 1793, à la réserve du quartier des domestiques, qui maintenant est habité par un cultivateur. Non loin de la belle église d'Hirsingen, reconstruite en 1772, subsiste encore la chapelle des Montjoie. Elle est dédiée à Notre-Dame des Sept-Douleurs; on y célèbre la sainte messe de temps à autre. C'est là que les membres de la famille de Montjoie recevaient la sépulture; mais le temps et le vandalisme révolutionnaire ont rendu illisibles les épitaphes gravées sur les pierres tumulaires.

Magnus de Montjoie épousa en 1730, comme nous l'avons dit, sa cousine Ursule de Vaufrey, qui avait été chanoinesse à Remiremont. De ce mariage naquirent trois filles : *Marie-Anne* et

Jeanne-Baptiste, dames de Remiremont ; *Ludivine-Xavière*, mariée en 1760 à Sigismond, baron de Rheinac et de Steinbronn, major au régiment suisse d'Eptingen. Les deux fils furent *François-Sigismond* et *Jean-Népomucène-François-Xavier-Fortunat*. Le premier fut porteur des fiefs de l'Eglise de Bâle en 1778, où il mourut chanoine en 1789. Son père Magnus était décédé en février 1757, après avoir vu la même agitation dans les populations alsaciennes de ses seigneuries que dans celle de Vaufrey.

Jean-Népomucène-Fortunat, comte de Montjoie et du saint-empire, fils de Charles-Magnus, épousa en 1760 Marie-Anne, baronne de Rheinac-Hirtzbach. En avril 1773, son oncle Simon-Nicolas, évêque de Bâle, lui donna et à ses descendants mâles les biens qu'avaient retenus Béat-Antoine Munch de Munchenstein dit de Loevenbourg, et feu Claude d'Orsans, morts l'un et l'autre sans postérité, et qui, à cause de cela, étaient retournés à l'Eglise de Bâle. Le fief de Munch comprenait la dîme de Ranspach-le-Bas, Michelbach-le-Bas, de Pfetterhouse, Oberlarg, dans le voisinage d'Altkirch ; et celui d'Orsans, la dîme de Leymen et le quart de celle d'Aspach. Ce seigneur reçut l'investiture de tous ses fiefs de l'Eglise de Bâle, en août 1789. Il émigra et se fixa à Bâle, où il mourut en 1791, laissant quatre garçons et deux filles. La baronne de Rheinac, son épouse, était décédée peu avant la révolution, à Hirsingen ; pour lui, il fut enterré à Arlesheim, ancien siège de l'évêché de Bâle.

Tous les fils de Népomucène-Fortunat de Montjoie servirent honorablement dans l'armée de Condé. En la quittant, *Eugène* entra dans le régiment des cuirassiers d'Albert avec le grade de capitaine, et fut tué dans un combat près de Weinheim, dans le duché de Bade, en 1800. *Maximilien* prit du service en Autriche, se maria en Bavière et eut un fils officier dans l'armée de Wurtemberg, mort avant son père, qui décéda à Munich en 1812. *Gustave*, chevalier de Malte et officier dans le régiment suisse de Rheinac au service de la France avant la révolution, passa de l'armée de Condé dans celle d'Angleterre, avec le grade de colonel. Envoyé au quartier général russe en 1812, chargé de dépêches importantes, il tombe, en débarquant, au milieu d'un avant-poste de l'armée française ; c'était un détachement de hussards. Sommé de se rendre, il met la main au sabre et se défend avec courage ; mais il tombe bientôt sous les coups de ses redoutables adversaires. Ils lui enlèvent ses dépêches et les portent à leur capitaine. Or, celui-ci était le baron de Rheinac-Hirtzbach, cousin germain du blessé ; il accourt avec empressement auprès de son parent ; il en est reconnu et il reçoit son dernier soupir. Fatale et malheureuse rencontre pour ces deux cousins, qui servaient chacun dans un camp opposé ! L'aîné des fils de Népomucène-Fortunat de Montjoie, appelé *Jean-Népomucène,* est le seul qui ait laissé postérité. Avant la révolution, il servait dans le régiment des hussards de Chamborand. Il entra, pendant l'émigration, dans les armées de Bavière, où il parvint au grade de lieutenant général aide de camp du roi ; il est mort à Munich en 1824. De son épouse Laure de Furstenstein, il a eu trois fils et trois demoiselles : *Maximilien,* l'aîné, major de cuirassiers en Autriche, mort en 1857, a laissé de deux mariages trois fils, dont l'aîné, âgé de seize ans, est dans une école militaire autrichienne ; *Louis,* le puîné, major au service de Bavière, marié, sans enfants ; *Charles,* le cadet, capitaine de cavalerie dans les armées de la même puissance, marié, sans enfants ; *Mélanie,* comtesse de Leyden, veuve avec un fils unique ; *Caroline,* comtesse de Saint-Mauris, décédée en juillet 1849 ; *Amélie,* baronne de *Bernhardet,* morte en 1838, laissant une fille non mariée. Les deux demoiselles filles de Jean-Népomucène-Fortunat de Montjoie, tantes paternelles des enfants de Jean-Népomucène, furent *Mélanie,* qui ne fut pas mariée ; elle devint dame d'honneur de Mme Adélaïde d'Orléans, sœur du roi Louis-Philippe, et mourut en Angleterre en 1848 ; *Christine-Zoé,* épouse du marquis de Dolomieu, dame d'honneur de la reine Marie-Amélie, morte aussi en Angleterre en avril 1849. Elle n'eut qu'une demoiselle, N. de Dolomieu, première femme de M. le comte V. de Saint-Mauris, introducteur des ambassadeurs à la cour du roi Louis-Philippe. Elle décéda en 1833, et M. de Saint-Mauris avait épousé en deuxièmes noces *Caroline, sa cousine germaine.*

PIÈCES JUSTIFICATIVES.

N° 1.

TRAITÉ

Entre le comte de Montbéliard et le seigneur de Montjoie, par lequel il est convenu que chacun desdits seigneurs se retiendra les hommes et sujets serfs après la mort de leurs pères.

Nos Renaldus de Burgundia, comes Montis Beligardi, notum facimus universis quomodò noster amabilis et fidelis *miles dominus Willermus de Glers*, dominus *de Montegaudio*, et nos et nostri antecessores habeamus *in usu et consuetudine* de gentibus nostris, usquè ad diem præsentiarum litterarum, et post *mortem patris pueri sequuntur matrem et dominum cujus mater erat*. Nos inspicientes communem profectum nostrum et gentium nostrarum, dictum usum et dictam *consuetudinem aufertimus* et auferri volumus perpetuò pro nobis et nostris hæredibus, nostrorum hominum, *sicut dominus Willermus de suis hominibus*, et volumus prædictus usus sit nullus, et dicta consuetudo nulla. In cujus rei testimonium nos fecimus appensari nostrum sigillum præsentibus litteris, quæ factæ fuerunt die lunæ proximâ post Inventionem sanctæ Crucis, anno Domini millesimo ducentesimo nonagesimo septimo, in mense maii. Datum visioni nostræ, die mercurii ante festum Assumptionis Virginis gloriosæ, anno Domini millesimo trecentesimo quinquagesimo quarto.

N° 2.

AFFRANCHISSEMENT

Accordé par le seigneur de Montjoie aux bourgeois et habitants de Monrond.

Je, Vuillames de Glers, sire de Montjoye et de Monrond, chevalier, fais sçavoir à tous ceux qui verront et orront ces présentes lettres, que je, regardant et considérant le profit de moy, de mes hoirs et de mes successours dou châtel et de ma terre de Monrond, par le conseil de bonnes gens, non contraint ne deçeü, mais de ma propre et franche volonté; vuillant ledit châtel de Monrond et les habitants audit leu de Monrond, croître, multiplier et amander: Richard fils à Palais d'Indevillers; Jeannin-Mary Villermette, de Vercel; Perrin, son genre; Willet, de Vauffrey, Girard le Burcet, de ce même leu, Haymond le Banglerre, de Vauffrey; Loviat, le fils au maire; Perrin, son père; Viénét, dit Vargney; Perrin le fils; Alatte, Bourquin le Inglet, de Vauffrey, mes hommes, pour lour et pour lor successours, qui sont, qui seront et qui habiteront au bourg et en la ville de Monrond, pour moi et pour mes hoirs, ay accensé et affranchis ledit châtel, le bourg et la ville de Monrond, lesdits hommes qui y sont et les succédants qui y seront et y habiteront à toujoursmais, de toutes maineres de tailles, de prinses, de corvées, et de tous autres services et servitudes permaignablement quelles qu'elles puissent être, et leur ay ouctroyé et ouctroye perpétuellement pour lour et pour lours hoirs telle franchise, telle comme li bourgeois de Montbéliard ont et accostumé avoir parmi l'établissement et parmi les convenances ci-après écrites. C'est à sçavoir que je hay permis et permets en bonne foy, et à ce me suis expressément obligiés, mes hoirs et mes successours seignours de Monrond, de garder et de défendre lesdits bourgeois et tous les habitants au châtel ou bourg et en la ville de Monrond, et lours choses, et de faire sur ce mission et dépens selons les us et les *coutumes de Montbéliard*. SALVÉ à moy, à mes hoirs et à mes successours seignours de Monrond, la justice grande et petite, et toutes les appartenances de ladite justice quelles qu'elles soient, et les ost et chevauchies et toutes autres choses que à moi doivent appartenir et avenir comme à seignour, *selon les us et les coutumes de Montbéliard*; en telle mainiere que lidits borgeois de Monrond ou lours femmes et lours enfants démorolent et fassent continuelle résidence et mansion à dit lieu de Monrond, et non par autre part. Après ay ouctroyé et ouctroy en nom que dessus, à mesdits bourgeois de Monrond, que li territoire de Monrond duroit et se conteigne dois *Mételtre* jusqu'à la motte d'arriera la maison Vuillet, de Vauffrey, et en suivant commo li Doubs se porte, tout contremont le Doubs par devers Monrond, auquel territoire lidits borgeois de Monrond laborolent et curtivolent, et à nos mie de fors lesdits bosnes en la vie de Monrond, mais par la volonté de moy, seignour de Monrond. Et pouy ce, lidits borgeois de Monrond ont promis en nom que dessus par lour soirement sur se donné corporellement sus saint Evangile, promettent et doivent payer et donner un chacun an perpétuellement, à moi, où à mes hoirs, où à mes successours telgnant ledit châtel de Monrond, pour chescune toise de fronterie devant de lours maisons et de lours chazeaux vieux, puisque maison y aura été, douze déniers de la monoye que par lo temps colrra en la cité et en la diocèze de Besançon, la moitié à la feste de la Nativité saint Jean-Baptiste, et l'autre moitié à la feste de la Nativité Notre Seignour; et ceulx qui n'auront ñe ne tendront maison propre ne chazal audit leu, ne sont tenus de payer ladite cense de douze déniers, ne ne doivent tenir ne avoir curtil ne cheneviere en ladite ville. *Item*, ont promis lidits borgeois en nom que dessus, et sont tenus de payer à moi et à mes hoirs, successours seignours, un chacun de lour d'un chescun journal de terre arable que il tenra et aura audit territoire, chescun an douze déniers de ladite monoye, et pour chescune faul de prel aussiment, douze déniers de cette même monoye, à la feste de la Nativité saint Jean-Baptiste la moitié, et à ladite feste Nativité Notre Seignour l'autre moitié, ainsi que dessus est dit. Et si ainsi que déans lesdites bornes, vignes fussent plantées et édifiées au temps avenir ez costières dou dit territoire, ils doivent payer à moy et à mes hoirs, seignours de Monrond, d'un chacun muid de vin desdites vignes, un quartal de vin à *la mesure de Montbéliard*. *Item*, accordé est entre moy et lesdits borgeois de Monrond, en nom que dessus, que quiconque ne sera des hommes ou du fief appartenant à moy, ou à noble homme monseigneur Jean, comte de la Roche et seigneur de Chestoillon, et voudra dois ores en avant habiter et demorer audit bourg et en ville de Monrond, il doit donner et présenter à moy ou à mes hoirs, seignours de Monrond, ou au maire doudit leu, s'il peut avoir copie de nos ou doudit maire, ce se non ez borgeois doudit leu que seront élis pour ce, douze déniers de la monoye dessus dite, pour raison d'entrage, et doit jurer par son soirement qu'il gardera la féalité de moy, de mes hoirs, de mes successours dudit châtel, dou bourg et de la ville de Monrond dessus dits, et des autres choses, et qu'il ne souffrera, ne parchassera le dommaige de moy ne des miens doudit châtel, ne des autres choses appartenant à moy ne à mes hoirs, et que sitôt comme il le sçaura, il le nos fera sçavoir. *Item*, se aucun des borgeois doudit leu s'en veut départir d'anquy pour faire autre part demorance, il doit personnellement et donner et présenter à moy, ou à mes hoirs, seignours de Monrond, ou au chatelain, ou au maire de ce même leu, s'il peut avoir copie de nos ou de l'un de nos, ce se non ez dits borgeois que seroient élis pour ce, douze déniers de ladite monoye, et commander à Dieu moy ou mes hoirs, seignours de Monrond, et si autrement le faisoit, il s'en ira comme futis; et ce ainsi est que borgeois ou borgeoise qui s'en ira autre part faire demorance, qui aura pris congié, ne trevisse déans l'année en laquelle il s'en ira, qui acheteit sa maison assise audit bourg ou en ladite ville de Monrond, je, sire doudit leu, dois acheter ladite maison, à l'égard de quatre borgeois de la ville, et si je, sire, ne la veux payer à l'égard desdits quatre borgeois, ladite maison demeure ez dits borgeois pour la cense, payant jusqu'à tant que l'acheteur appareise, et est à sçavoir que je dois conduire de moy et des miens, et de toutes autres gens, selon mon pouvoir, un jour et une nuit, par ma terre, le borgeois qui s'en iroit doudit bourg faire demorance autre part; ensemble toutes ses choses il emporteroit ou verroit porter, se je en suis requis doudit borgeois, sa cense payée, et moi commandé à Dieu, comme seignour premièrement en la forme et manière des susdits, et li héritage demorent à moi et ez miens. Et se ainsi est que li borgeois avant nommé doudit leu se départe doudit leu de Monrond, pour faire autre part sa demorance, sans commander à Dieu et sans payer sa cense, ainsi que dessus est devisé, je l'y puis faire mostrer, que déans huit jours après qu'il aura été requis, reveigne audit leu de Monrond demorer, ensemble tous les biens il en aura porter ou fait porter, laquelle chose, s'il ne le fait déans lesdits huit jours, tuis ses biens, quelle part qu'ils soient, me sont commis et les puis penre comme la mien propre chose.

Item, si aucun borgeois ou borgeoise, ou des habitants audit leu de Monrond morroient sans hoirs léals de son propre corps, tues ses biens mobles doivent repanre et être au plus prochain de son lignaige demorant à Monrond, selon droit de succession de lignaige; se ainsi n'étoit que ceuls qui morront en ordonnoient autrement, et li héritaiges doit revenir à moy, sans ce que sa femme doit tenir son douaire à sa vie, tant seulement; et est à sçavoir que li un desdits borgeois ne peut acquérir sur l'autre par échange ne par donation, maison ne héritaige, ce n'est par ma volonté.

Item, je puis faire quelque fermeté qu'il me plaira audit bourg et en ladite ville de Monrond, à mes propres missions, jusqu'à vingt ans continuellement ensuivants, et dois vingt ans en avant, lidits borgeois doivent et sont tenus de payer les missions qui seront faites, en maintenir et réparer les murs et ladite fermeté doudit bourg et de la ville et en refaire lesdits murs s'ils chesoient par quelque cas que ce fut, la moitié tant seulement, et je, l'autre moitié desdites missions; et ay promis par mon soirement ez dits borgeois, et lidits borgeois me l'ont aussi promis par lour foi et chescun pour soi, je pour moy et pour les miens, ils pour lour et pour lours hoirs, toutes les choses dessus dites, et une chescune d'icelles, tenir, garder et maintenir fermement et perpétuellement parmy les choses dessus dites et devisées, selon *les us et les coutumes de Montbéliard*.

Item, est accordé entre moy et lidits borgeois de Monrond, que chescun chief d'hostal ou de maison, demorant et habitant audit leu de Monrond, doit et est tenu de payer chescun an, à la feste de saint Michel, un quarteron de froment *à la mesure de Montbéliard*, au prêtre ou chapelain qui sera établi en la chapellenie qui sera fondée audit leu de Monrond. Et ay promis par mondit soirement, et lidits borgeois aussi, ne venir encontre les choses dessus dites, ne faire venir par nulle personne au temps avenir, en caichie ne en appert. EN TÉMOIGNAIGE de toutes ces choses, je à la requère desdits borgeois de Monrond, ay mis mon scel pendant en ces présentes lettres, et ay requis ensemble lesdits borgeois noble homme saige et puissant monsieur Jean, comte de la Roche et seigneur de Chastoillon, chevalier, qu'il mette son scel pendant avec le mien scel en ces présentes lettres, en témoignaige de vérité des choses dites. Et nos lidits borgeois de Monrond, regardant et considérant le profit de nos et des nostres, l'honneur et l'amour que ledit messire Vuillames, sire de Montjoye et de Monrond, chevalier, notre bien-aimé sire, nous a, nous avons requis ledit monsieur Vuillames et ledit comte de la Roche qu'ils mettent leurs scels en ces présentes lettres, en témoignaige de toutes les choses dessus dites, et que nos nous consentons et les ratifions et confirmons. Et nos lidit cuens de la Roche, à la requête doudit monsieur Vuillames et desdits borgeois, qui toutes ces choses devant dites ont confessées être vrayes, par-devant moi, avec le scel dudit monsieur Vuillames, avons mis notre scel pendant en ces présentes lettres, faites et données le lundi devant la feste de la Nativité saint Jean-Baptiste, l'an mil trois cent et quinze. Au bas de laquelle expédition étant en parchemin, sont pendants les sceaux desdits seigneurs de Montjoye et de la Roche.

N° 3.

LETTRES D'INVESTITURE

Données par ordre de Ferry, duc d'Autriche, à Jean-Louis de Montjoie.

Nous, Guillaume, marquis, seigneur de Rueselen et de Succenberg, sçavoir faisons que comme défunt messire Jean de Montjoye, seigneur de Montrond, en sa dernière volonté, par son testament et autrement, a fait son héritier desdites seigneuries dudit Montjoye et de Montrond, et de toutes les appartenances d'icelles, tant en seigneuries, riers-fiefs, *en femmes et hommes, justice haute et basse, comme en toutes autres choses, sans rien excepter ni retenir,* lesquelles choses en partie sont été ez-mains de notre très redoutée seigneurie d'Autriche et de leurs officiers, tant pour cause de la reprise et hommage desdits fiefs, comme pour la guerre que messire Jean-Louis, héritier dudit messire Jean de Montjoye, et ses complices, ont fait du temps passé à notre dite seigneurie d'Autriche, dont traité et bon accord y est fait, par lequel *nous a été ordonné par excellent prince, notre très redouté seigneur, monseigneur le duc Ferry, duc d'Autriche,* laquelle ordonnance Peterman de Morimont, escuyer, son trésorier, nous a rapporté en la présence de son conseil que Sa Grâce voulloit et estoit son plaisir qu'en *son absence,* audit messire Jean-Louis prestassions et délivrassions lesdits fiefs et seigneuries, *comme ses prédécesseurs les avoient eus et tenus, pour fils et filles*, en toutes seigneuries hautes, moyennes et basses, dont il nous a montré lettres scellées du deffunct notre très redoubté monseigneur le duc Albert, et de dame Jeanne, duchesse d'Autriche et comtesse de Ferrette, sa femme, de l'an mil trois cent trente-quatre, et une autre lettre de mon très redoubté seigneur monseigneur le duc Ferry, dernièrement trépassé, *par lesquelles lesdits fiefs sont confirmés pour masles et pour femelles, comme dit est*. Lesquelles seigneuries de Montjoye, Monrond et de Méricourt, ensemble toutes seigneuries, justice haute et basse et moyenne, et toutes les appartenances audit jour du traité, en la présence de plusieurs des conseillers de nostre très redoubtée seigneurie d'Autriche, *nous avons presté audit messire Louis, pour lui et pour ses hoirs, fils et filles, tant pour les fiefs appartenant à Ferrette que à la Roche de Belfort*, tant que nous pouvons et devons par droit, tant par la forme et manière que ses devanciers seigneurs et dames de Montjoye, de Gliers et de Montrond. Ensemble les riers-fiefs des nobles, appartenant à riers-fiefs, en ont uzés et jouis, comme dit est. Pour lesquels fiefs et seigneuries ledit messire Jean-Louis nous a fait le serment en nos mains, au nom de nosdits très redoubtés seigneurs et princes d'Autriche, ou à leur commandement, comme à son prince, et en tel cas appartient, tant des maisons de Montjoye que d'autre part, appartenans esdits fiefs, qui sont et que seront présentement et advenir. Et s'ensuit le dénombrement desdits fiefs; premièrement *Montrond, Gliers, Montjoye, Méricourt, les gens, corps d'hommes et de femmes, d'enfants, villes et les fins d'icelles, ensemble rivières, rups, pêcheries, bois, forêts, aiges et toutes les appartenances et appendices d'icelles; item*, la maison de Méricourt, les fossés, le ban, toute la fin, ensemble les appartenances dudit Méricourt. Item, la partie des champs, prez, étangs et fins *de Ruederbach*, ensemble toutes les appartenances *des rivières, pêcheries*, pâturages, fins, bans desdites villes, autrement en ont uzés lesdits seigneurs dudit Gliers, tant en ungaux, vente de huebwein, que autres droits quelqonques, c'est à sçavoir la quarte partie d'iceux, sans rien excepter ni retenir. Item, de mettre un curé au lieu d'*Hirsingen* toute fois que la cure vacque. Item, la mairie de *Muespach* et toutes les appartenances comme est été anciennement. Item, la ville de *Recouvrance*, justice haute, moyenne et basse. Item, la ville de Bruesbach, justice, la fin et appartenances comme est été anciennement. Item, la ville de *Gronne*, et la justice haute et basse et moyenne, et les appartenances comme est été accoustumé. Item, aucunes pièces de terres et champs, au territoire de *Cheuremont*, et autre part, où qu'ils soient settuez, dont il ne fait ici aucune mémoire. Ne doit point audit seigneur de Montjoye porter point de préjudice audit dénombrement, mais y doibt être gardé son droit, *qu'est fiefs de la Roche de Belfort, Peruse, Besoncourt, ensemble Charmoille près de Froide-Fontaine*, comme est été anciennement accoustumé, sans rien excepter ni retenir, et sans nuls malengins; et toutes ces choses sont faites en notre présence par l'ordonnance que dit est, présents nobles seigneurs messire Jean de Monstreulx, chevalier, ledit Peterman de Morimont, trésorier; Jean de la Maison; messire Hugues Brias, prêtre, chanoine de Belfort, et autres du conseil de nosdits seigneurs et princes d'Autriche. En témoignage de laquelle chose nous avons fait mettre notre scel pendant à ces présentes lettres, faites et données à Massonval, le vingt-huitième jour du mois de novembre, l'an mil quatre cent trente-neuf, scellé.

N° 4.

TRAITÉ DE PAIX
Entre le duc d'Autriche et Jean-Louis de Thuillières, seigneur de Montjoie.

Appointement fait *entre très haut et puissant prince monseigneur le duc Ferry, duc d'Autriche, d'une part, et messire Jean-Louis de Thuillières, chevalier, d'autre part.* C'est à sçavoir que fut mondit seigneur d'Autriche, à son vivant, par honorable Petreman de Morimont, écuyer, trésorier de mondit seigneur, eut mandé et rescrit à haut et bien né monseigneur Guillaume de Hoppech, marquis, seigneur de Roeselen et de Succenbourg, son bailif, et gouverneur de Ferrates et d'aul pays par deça; que selon le rapport que ledit trésorier, par ordonnance de Sa Grandeur, ly feroit et que ly avoit commandé, fit un appointement et traité d'avec ledit messire Jean-Louis, devers toute la seigneurie de Montjoye. Et s'ensuivent les articles dudit traité, fait par nous ledit Guillaume, baillif et gouverneur desdits pays, au lieu de Malsonnaux, en présence du conseil de madite très redoutée seigneurie, étant avec nous présents, que de ce ont jugé et rapporté comme s'ensuit; messire Jean, seigneur de Mostereux, en partie, ledit Petreman de Morimont, chatelain de Ferrates et trésorier, et Jean de la Maison, chatelain de Tanne; Jean Hoirry de Malsonnaux, chatelain dudit lieu; Peuthelin de Ferrates, écuyer; messire Hugues Brias, chanoine de Belfort, conseillers de madite très redoutée signorie; et est appointé par nous ledit baillif, marquis, etc., et par les dessus dits; que de tout ce que ledit messire Jean-Louis et ses complices ont fait de dommaige à ladite signorie et à ses sujets, il a prié et requis à madite très redoutée signorie, que ly veuille pardonner, et nous ledit baillif, en nom de notre dite très redoutée signorie, ly avons pardonné tous les méfaits que lui et ses complices ont fait à ladite signorie, et parmi ce nous ledit baillif, *ly avons et devons rendre franchement tous les fiefs, signorie, moyenne, haute et basse, des signories de Montjoye, de Montron, d'Heymericourt, et toutes les appartenances, tant par la forme et manière que ses devanciers et seigneurs de Montjoye ont usé de tout le tems passé, et mêmement messire Jean de Montjoye, dernièrement trépassé, tant en bien, signorie, fiefs, riers-fiefs, féaulx, hommes et hommaiges, comme anciennement, sans rien excepter ni retenir, pour en jouir et user par la forme et manière que tous ses devanciers et ledit messire Jean de Montjoye ont usé et jouis, et parmi ledit messire Jean-Louis, pour lui et pour ses hoirs, s'est obligé estre vrai et féaul, et homme de madite très redoutée signorie, et doit bailler, par déclaration, tous les fiefs qu'il peut et doit tenir de madite très redoutée signorie d'Autriche, et en prendre et en bailler lettre que en tel cas appartient; et a promis ledit messire Jean-Louis de bien et léaulment servir madite signorie d'Autriche en toutes manières que les autres seignours et barons sont tenus et obligés en pays de Ferrates et d'aul pays de servir leurs seignours, et de toutes les querelles que ledit messire Jean-Louis faroit ou pourroit demander à quelconques seignours ou sujets de madite signorie de Autriche, ou que lesdits seignours ou sujets ly pourroient demander, il doit prendre et faire droit par-devant un baillif de Ferrates et d'aul pays, et le conseil de madite très redoutée signorie, et desservir et obéir à ladite signorie comme un des autres hommes et vassaulx, et par la fourme et manière que ses prédécesseurs ont fait au tems passé; et ce, enfin, fut que mondit très redouté seignour, le duc Ferry l'ancien, le mandit ou pour faire guerre ez Vénitiens, en ses pays détaichés, ledit messire Jean-Louis incontinent ly doit aller servir ezdits pays par delà, ez dépens de mondit seigneur d'Autriche, à vingt hommes d'armes, un mois sans lui ne à ses gens bailler aucun gaige, et le mois étant fini que lui et sesdites gens seront par delà, et ledit monsieur d'Autriche en a plus avant besoin, il doit accorder audit messire Jean-Louis et à sesdites gens comme il ferait à autres de ses seignours et barons de sesdits pays de Ferrates et d'aul pays et de par delà. Et parmi ce, toutes paix et tranquillité sont faites entre madite très redoutée signorie, ledit messire Jean-Louis et ses complices, sans que l'une des parties ne l'autre puisse demander à l'autre, se n'est par droit et par raison, comme dessus; et est fait en la présence dudit baillif et conseil, au lieu de Maisonnaux, au poile des bourgeois de ladite ville, le dix-neuvième jour du mois de novembre, l'an mil quatre cent et quarante, et pour être les choses dessus dites fermes et stables, et en signe de vérité, messire Jean-Louis a mis son scel pendant à ces présentes lettres.*

www.ingramcontent.com/pod-product-compliance
Lightning Source LLC
LaVergne TN
LVHW050559090426
835512LV00008B/1243